無印良品の家に決めました。

川原亜由子・著

はじめに

少し郊外の緑が多い場所。

大きく開放的なリビングから見える広い庭と、そこで走り回るワンコと子どもたち。休日には友人をたくさん呼んで庭でバーベキュー。

これが小さい頃からの私の夢でした。

私たち夫婦は友人から愛犬ソラの名前をとって、「ソラ家」と呼ばれています。そして、今では弟犬のマメも加わりました。本書は、ごく普通の30代、共働き、年収も人並みの私たち夫婦＋ワンコ2匹が、知識ゼロから理想の家をつくり、暮らし始めるまでの記録です。


結婚するときに、うちの母親から夫に「この子、片づけられない子だけど大丈夫？」と確認されたほどグータラな私。今もそれは変わっていません（笑）。

「家事をする時間がないなら、家事をあまりしなくていい家にしよう！」

「お金がないなら、お金をかけずによりよくする方法を考えよう！」

できないことがあるなら、それをカバーする方法を探せばいい。

家族と一番長く過ごす場所だからこそ、気持ちのいい家にしたくて、夫婦でいろいろ試行錯誤しました。

だからマイホーム計画がスタートしてからは夫とはほぼ毎日話し合い。何が重要なのかをはっきりさせて、取捨選択するために、夫婦それぞれの理想の家の条件を紙に書き出しました。

そこでお互い譲れないもの、どんな家に住みたいかのイメージが明確になったから、「住宅展示場」に行く必要は、もうありませんでした。「住んでもいい家」ではなく「住みたい家」を探そう。私たちにとって、それが「無印良品の家」だったのです。

人生で一番大きい買い物である家づくり、そしてその家で暮らすにあたって、たくさんの疑問や悩みにぶつかることがありました。そのときに調べたこと、思いついたアイデア、実際に試してわかったこと、そんなことを本書では紹介しています。

それらが少しでも誰かの役に立ったなら、とても幸せです。

窓の大きな無印良品の「木の家」。外から部屋の中が見えにくいように、小高い土地を選びました。車が2台止められるビルトインガレージの上に家を建てられなかった分、庭を広くすることに。白と青のツートーンの外壁は、軽量でさびにくいガルバリウム鋼板です。

白い壁と、白を基調にしたインテリアのおかげで、晴れた日は電気をつけなくても明るいのがうれしい。

キッチンや洗面所など、ごちゃっとしがちな場所は、できるだけ置くものを白に統一しています(上)。洋服は4.5帖のウォークインクローゼットに収まる分だけにしました(下)。

高い吹き抜けの上についているシーリングファン。24時間空気が循環するのでさわやか(上)。吹き抜けを見下ろしたところは、私たち夫婦とソラとマメの家族全員が集まる場所です(下)。

リビングの家具は、低めのものでそろえて、空間を広く見せています（上）。2階のフリースペースには置き畳を敷き、簡単な和室に（下）。

ソラ家の間取り

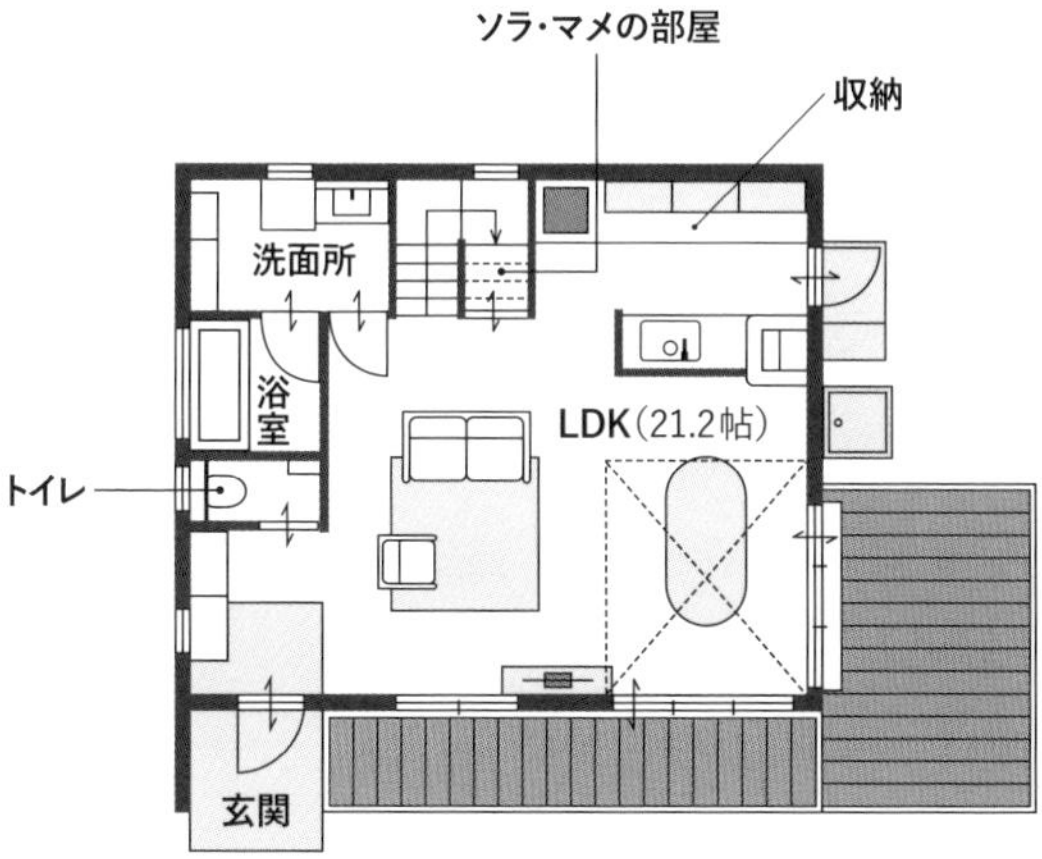

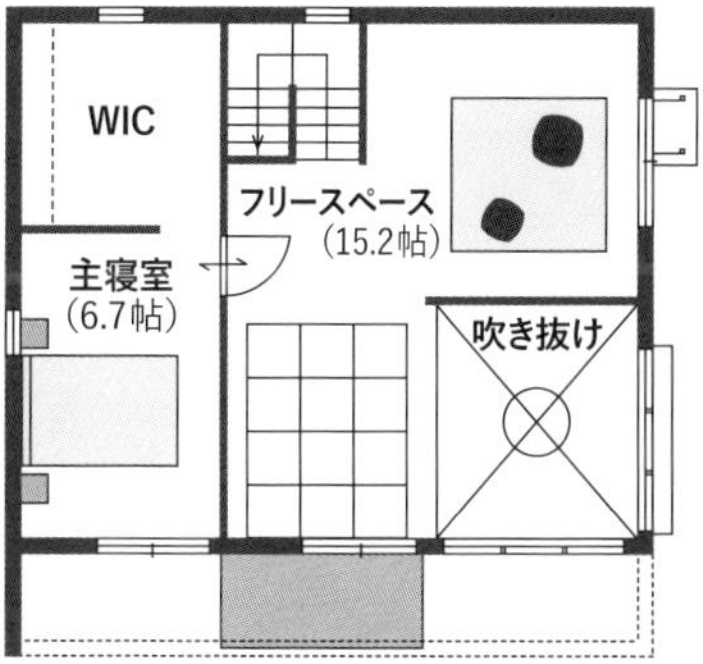

1階（上）と2階（下）の間取り図。仕切りを少なくして、吹き抜けをつくったことで開放感がある空間に。東側と南側には大きな窓があります。

目次

PART 3

家具・家電、どうそろえる？

PART 4

日々の収納・片づけのこと

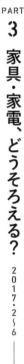

付録　マイホーム準備編　2016・1〜8 ―― 133

PART

1

マイホーム、どう考えよう?

2016.1~8

いつかは建てると、心に決めていたマイホーム。私たちがずっと暮らしたい家って、どんなものだろう? この章では、本格的な家づくりのお話をする前に、私たちが「どんな家に住みたい」と考えていたのか、そして、どうして「無印良品の家」に決めたのか、その理由をお話しします。

家の「譲れないもの」って何だろう?

+マイホームの条件

結婚当初から〝いつかはマイホームを建てる〟と決めていたので、私たちに合う環境を探るために計3回引っ越しました。当時の私が家に求めていたのは①12帖以上のリビング　②お客さんが来たくなる家　③広いキッチン　④駅徒歩10分以内　というもの。

ただ、これをクリアした家でも実際に住んでみるといろいろ希望が出てくるんです。都会にあって便利でも、やっぱり広い方がいい。広い家でも、周囲がほかの家に囲まれて、ベランダに出られなかったり、カーテンが開けられなかったりするのは窮屈。緑は多い方がいい……。3回の引っ越しを経て、私たちは、譲れないマイホームの条件を　①人からの視線が気にならない　②お客さんが10人ぐらい呼べるリビング　③窓から緑が見える環境　と導き出しました。自分たちが家に対して譲れない点も、妥協できる点も、実際に生活してみることで見えてくるのだと思います。

リビングの広さは以前住んでた家とあまり変わりませんが、必要以上にものを置かないなどの工夫で広く使えるようにしています。

少し高い場所にあるので人の視線が気にならず、窓から自然が見える場所。理想の土地を探すには、かなり根気が必要でした。

「住んでもいい」じゃなく「住みたい」家を

＋無印良品の家に決めた理由

私たち夫婦の趣味は写真です。

そのこともあり、写真映えする明るくシンプルな家というのは絶対条件でした。とはいえ、一から設計事務所にお願いするような家はきっと金額的に難しいし、建築の知識やセンスに自信のない私たちが、満足な家を建てられるかどうか不安。そうして私たちは、設計事務所ではなく、ハウスメーカーでの注文住宅の検討を始めました。しかし、いざ資料請求をしてみるとメール、電話の営業が……。それだけで一歩引いてしまい、一度行ってみたかった住宅展示場にもなかなか足を運ぶ気持ちになれなくなってしまいました。そもそも、資料を見て「住んでもいいかな」と思えるものはあっても、「この家がいい」と思える家はなかったのです。

その点、無印良品の家はシンプルで機能的。素直に「住んでみたい」と思えるものでした。軽い気持ちで、インターネットで見つけた無印良品の家の見学会に応募して、マイホームの先輩に直接お話を聞けたことも勉強になりましたが、何といっても決め手になったのは、後日メールでお知らせいただいた「家づくり相談会」。ガンガンに営業されるのかと構えて行ったら、実際は「無印良品の家の営業」ではなく、土地探しの方法や、家や土地購入以外にかかる費用など、家づくり一年生の私たちに役立つことをたくさん教えてくれるものでした（家や土地以外にもこんなにお金がかかるんだ……ともなりましたが）。

でも、この相談会のおかげで、予算に合った土地探しを始めることができました。もちろん担当者さんやハウスメーカーとの相性もあるとは思うのですが、私たちにとってはちょうどいい距離感で相談しやすく、安心感がありました。大きな買い物だからこそ、担当者さんやハウスメーカーとの信頼関係は大切です。

この相談会では、無印良品の家の営業はほとんどありませんでした。でも、「担当者さんへの安心感」から「無印良品の家に住みたい」という気持ちはこのときから夫婦ともに固まっていたように感じます。

ソラ家もお声がけいただき、完成後にわが家で見学会を行なっています。

理想の空間に近づけるために

＋自由な間取りが可能な「木の家」

フルオーダーの住宅の難しい点が、コンセントひとつとっても「どんなデザイン？」「どんな色？」「素材は何？」と山ほど考えなきゃいけないということ。そしてもちろんこれはコンセントだけにとどまらないし、そんな細かいところまで夫婦の意見が合うかどうかも疑問……。こんな具合に自分たちで一から考えなくても素敵な空間になるのが、私たちにとっての「無印良品の家」のよさでした。

こだわりのない部分は、基本プランの中から選んで、こだわりのある部分は、とことんこだわることができる。パンフレットやネットを見ていると、家の形が決まっていて、間取りだけを自分たちで決められるということなのかと思っていましたが、実際には、間取りも家の形も自分たちの好きなように決めることができました。フルオーダーよりも楽をして素敵な家をつくりたい、私たちのような人におすすめのシステムです。

外壁の色ももちろん選べるので、ソラ家は白と青をチョイス。室内のインテリアも、この2色を基調にしています。

私たちが選んだ無印良品の「木の家」は、窓が大きく、壁が少ないつくりが特徴。一般的な木造の家は、強度のために、何枚もの壁で部屋を仕切ることが必要です。でも「木の家」は骨格自体に強度をもたせた、耐震のSE構法*を採用しているため空間の使い方がとても自由。開放的な家にしたかったので、無印良品の家の担当者の方に提案していただいたプランをもとに、1階はリビングのみに。2階も、ほぼ壁のないオープンスタイルにしました。庭を広く取ったので、家の広さはそれまで住んでいたマンションとほとんど変わりません。だからこそ、室内が広く感じられる開放感が大事でした。

実際に住むことをイメージすると「ここはこうしたい」「こうした方が使いやすい」といった希望はやはり出てきます。プランの時点であれこれ質問してみるのはもちろん、実際に作業をしていただく工務店とのコミュニケーションも大切だな、と実感した家づくりでもありました。

＊梁と柱に「ほぞ」をつくり組み合わせる従来の木造建築ではなく、ピンやボルトなどの金物で接合することで、耐震性を高めたもの。

将来個室が必要になったときには、間仕切り壁やパーテーションになる家具を置くなどで空間をつくり替えることが可能とのこと。

PART

2

気持ちよく暮らす家づくり

2016.8~2017.2

明るくて、住んでいて気持ちよくて、人が集まる家。そんな私たちの理想を叶えるために、どんな間取りにして、どんな設備を選んでいったのか。この章では、家の中と外の空間をどんなふうにつくりあげていったのかについて、私たちが実際にしたことや決めたことの記録を振り返ってみます。

部屋づくり、こう考えた

＋気持ちよく暮らすために

家全体の条件はP.14でお話ししましたが、じゃあ部屋についてはどう考えていたかというと……。「写真映えする、明るい部屋」「開放感があって、周囲の自然が部屋からでも楽しめる」ということ以外に重要だったのが「掃除やメンテナンスがしやすい」というもの。

ソラ家は共働きのため、家事も朝の短い時間や夜、休日などに限られます。せっかく素敵な家ができあがっても、掃除やメンテナンスに追われて、ゆっくりする時間がないなんて、ちょっともったいないですよね。いくら見た目が素敵でも、その状態をキープするのに時間やお金がかかりすぎるものではなく、暮らしていてストレスがかからないかどうかを基準にして考えていきました。

また、部屋数の少ない家なので、今後家族が増えてもその都度で使い方を変えられる、そんな自由度の高さも、将来大事になっていくだろうなあと思っています。

2階のオープンスペースの一角に、棚を仕切りにして和室をつくっています。このスペースは、家族が増えてプライベートなスペースが必要になればパーテーションや間仕切りを置いて区切ることもできます。

リビングのBefore/After

＋建築中に不安だったこと

家を建てる前に住んでいたマンションのリビングは、20帖の部屋と6帖の部屋がくっついた26帖。いっぽう、新しい家は21・2帖のLDK。「今より小さいリビングで大丈夫かな？」と気にはしていましたが、完成に近づくにつれて「やっぱり狭すぎた？」と、どんどん不安に……。けれど、建築中はものが多いこともあるし、狭く感じる人が多いそうです。

完成してみると、壁が白くなった分ぐっと明るく、広く感じるようになりましたが、それでもまだ狭いかな……という気持ちは消えませんでした。でも実際に住んでみると（置くものを減らしたことも大きいのですが）、庭が見える大きな窓や吹き抜けの天井などの効果もあって、十分な広さで、今はとても満足しています！　こういう部分も、実際に住んでみないとわからないものなのだと思いました。

狭すぎたかも？と感じていた建築中（上）と、完成後（下）。

2階のスペースのこと

＋和室とシアタールーム

今現在、ソラ家の2階にあるのは、階段を上がってすぐの和室。プロジェクターを置いたシアタールーム（兼写真スタジオ）、そして寝室とウォークインクローゼット。寝室とウォークインクローゼットにはドアが付いていますが、それ以外は壁のないスペース。和室は置き畳を敷き、無印良品のスタッキングシェルフを置いて、部屋を仕切りつつも光が入るようにしています。本を読んだり、洗濯物を畳んだり、アイロン掛けをしたり、何となく私がくつろぐスペースになりつつあります。吹き抜けだから、下のリビングでくつろぐ夫と話をしながら作業ができたりも。ここに座って外を見ると、広々とした山並みが見えるのもお気に入りです。

シアタールームは、プロジェクターを投影したり、写真撮影のときにスタジオとしても使えるように、真っ白な壁を生かした部屋になっています。生活していく中で、いろいろな使い方ができるようになればと思っています。

和室のBefore／After。冬場にはこたつを置いて、さらにくつろぎ度アップ。

シアタールームのBefore／After。真っ白い空間に合わせて、シェルフなどの色味を抑えています。

使いやすく気持ちいいキッチン

＋汚れやすい場所だから

毎日使うキッチンは、家の中でも特に妥協できない部分。無印良品の家は、「無印良品らしさ」をテーマにしたキッチンが基本プランに組み込まれていま す。私たちが選んだ「木の家」は、基本プランがオールステンレスのもの。カッコイイのだけど、実は私、水あかが気になるステンレスが苦手なんです。そこでソラ家では、基本プランではなく、好きなメーカーのものから選ぶことにしました。私がキッチンを選んだ経緯は、こんな感じ。

①カタログから、値段は気にせずに好きな見た目のものをセレクト
②キッチンにかけられる予算を算出
③①は予算オーバーなので、予算に収まる価格のものを再セレクト
④水栓、食洗機、コンロ、棚などの付属設備を決める
⑤③、④の総額を計算したら、こちらも予算オーバーに……！

キッチンは妥協できない部分でもあるので、結局少し予算はオーバーするも

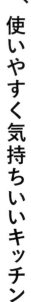

身長に合わせた高さのため、格段にキッチンの使いやすさが増しました。

のの、最初に選んだ①のものに決定しました。予算の関係で安めのキッチンにしたのに、オプションを付けていったら総額は高くなってしまった！　ということが結構多いそうです。とにかくキッチンは「総額」で比較するのが重要ということがわかりました。

選んだのはどんなキッチンかというと、人造大理石を使った白いキッチン。実はほかのメーカーでも無印良品の家用につくられたモデルがあり、そこからセレクトしました。決め手になったポイントは、真っ白な見た目と、キッチンの高さと、シンク下が収納ではなくフリーにできることでした。賃貸のキッチンは、平均身長でつくられているので、165cmの私には少し低めで使いづらい。家をつくるなら、キッチンはどうしても自分に合った高さにしたかったのです。そしてストレスだったのが、調理中に出るゴミ！　ゴミが出たらサッと捨てたいので、以前はシンク前にゴミ袋を下げてい

シンクの下のスペースは、ちょうど無印良品のダストボックス・大が収まるサイズ。

たのですが、やはり美しくない……。シンク下のスペースがゴミ箱にできるといいなと、ずっと思っていたのです。その分収納は減るけど、わが家はキッチンの背面を一面収納にすることにしたので、スペース的には十分。調理中のストレスが減るし、片づけも格段に楽になりました。

オープンな対面キッチンなので、オイルガード（油はね防止）は必須ですが、擦りガラスのものは耐熱ガラスだから高いし、汚れが目立つから掃除が大変そう……。そこで、つくり付けの壁をコンロより30cm高くすることで解決策としました。見た目もすっきりしてるし、リビングから調理中の手元が見えすぎないし、なかなか快適です。私はＩＨではなくガス派なので、コンロは即決でしたが、オール電化にするならＩＨの方が安い、などのランニングコストの問題もあるので、やっぱり自分が譲れる点・譲れない点の見極めがあとあとの使いやすさに響いてくるのかなと思います。

ほぼ真っ白になったキッチン。シンク前を30㎝高くすることで、オイルガードだけでなく目隠しの役割も。

洗える外壁

＋ガルバリウム鋼板ってどう？

ソラ家の外壁は、南側は白、そのほかは青のガルバリウム鋼板でツートーンにしました。これは「木の家」の基本仕様で、もともとは住居用ではなく倉庫などの外壁に利用されることが多かった素材だそう。軽くて耐久性に優れていて、金属製なのに錆びにくく寿命が長いというのもうれしい。

汚れたら水洗いできるということで、「よーし、洗うぞ！」とはりきって高圧洗浄機を買ったのだけど、黄砂などで汚れることはあっても、雨が降ったり、庭の水やりのついでに水をかけたりするぐらいでいつの間にか気にならない感じに。でも、これはもう少し長く住まないとわからないのかもしれません。鋼板を使った外壁ということで「音がうるさいんじゃないの？」と聞かれることも多いのですが、これはそんなに気になりません。断熱材を入れていて、気密性も高いので、外壁のせいで寒すぎたり、暑すぎたりということも今のところはありません。

玄関に面した外壁は白、庭に面した方は青のツートーン。シンプルな中にかわいらしい雰囲気も。

大きな窓の家

+天井のファンは必須？

窓が大きいのに気密性が高く、冬もあまり寒さを感じないソラ家。気密性が高いということは、空気が動きにくいので、24時間換気のシステムは必須。「木の家」の場合、湿気や匂いを含んだ空気を24時間排気して、新鮮な空気を外から取り入れるシステムになっているそうです。

そしてオプションで付けてよかったのが、吹き抜けの天井に設置したシーリングファン。高い天井だと冬場寒いかな～と思っていたけれど、空気を循環させることで冷えを感じることがほとんどなし！　大きな窓から明るい光が入ることも、寒さを感じにくい原因なのかも。

ただし、窓が大きく遮るものがない分、夏の日差しはやっぱり暑く感じることも。エアコンを付けたり消したりすることで電気代が高めになってしまうそうなので、もしかしたら付けっぱなしの方が経済的なのかも……？　このあたりは、来年以降の課題です。

大きな窓から明るい光が差し込むリビング。吹き抜けの上で回るシーリングファンが、空気をしっかり循環させてくれます。

大きな窓にかけるもの

＋ブラインド&ロールカーテン

基本的にカーテンを閉めずに過ごしたいのですが、夜や外出時は目隠しが必要。とはいえ、窓の面積が大きいとカーテン選びが難しい。そこでちょっと値段は張りますが、オーダーメイドのブラインドとロールスクリーンにしました。

吹き抜けの大きな窓には、壁の色と合わせた白い縦型ブラインドを1、2階ともに採用。外壁のガルバリウム鋼板の縦のラインとの統一感を考えて選びました。キッチンから庭に出られる勝手口には、油汚れも考えて撥水効果のあるロールスクリーン（ホワイト）を。2階の西側と東側の部屋は、少し印象を変えて横型のウッドブラインドに。横型ブラインドはホコリがたまるので、掃除が面倒だな……と思ったのですが、掃除用のワイパーでさっとひと拭きすればOKなので、今のところそこまで大変ではないと感じています。カーテンはなかなか買い替える機会がないからこそ、最初にいいものをバシッと決めたい。そう思ってこだわったポイントでもありました。

縦型ブラインドだと、光の
入り方もキレイでお気に
入りです。

フローリングはどう選ぶ？

＋価格とのバランス

無印良品の家の場合、床材は大きく分けて2つの選択肢があります。無垢材か、集成材か。それぞれ、どんなメリットとデメリットがあるのかというと……。

◆無垢材のメリット

木のぬくもりが感じられて重厚感があり、丈夫で耐久年数が長く、使い込むほどに味わいが増していく。また、削り直すことで、新品同様によみがえらせることができる。

◆無垢材のデメリット

重量が大きく、そり、割れ（変形）が出る場合がある。大量生産できないので高価。1年に1回はオイルなどによるメンテナンスが必要で、水に弱い。

◆集成材のメリット

軽く、大量生産できるため低価格で変形しづらく、メンテナンス不要。

◆**集成材のデメリット**

木のぬくもりという面ではあまり感じられず、使いこんでも味わいは出ない。耐久年数が短い場合もあり、使用する接着剤が多いのでシックハウス症候群などの要因になる可能性も。

ちなみに、うちのすべての床を集成材から無垢材にした場合、20万円近くアップ、無垢材と集成材のいいとこどり（メンテナンス不要で水に強い）の床材というのもありましたが、その床材にすると50万円アップ……。ここの決め手はやはり「メンテナンス」。結果、スタンダードな集成材を使用した床材に決めました。床材が決まったら次は、木の種類。オーク、バーチ、ナラなどたくさんありますが、白を基調としたソラ家は、木のぬくもりよりも「白さ」をとり、「シカモア」を使ったものに決めたのでした。

集成材を使ったフローリング。「シカモア」だと、全体が白く明るい印象。

内装はクロスか塗装か

＋メリットとデメリットのこと

無印良品の家では、壁紙（クロス）を使うか、カフェやショップのような塗装かを選ぶことができます。やはりそれぞれのメリットとデメリットがあります。

◆壁紙のメリット

乾燥を待ったり、塗り重ねる必要がないため、時間とコストが節約できる。

◆壁紙のデメリット

一か所でも汚れがつくと少なくとも壁一面を貼り替えないといけない。また一面だけ貼り替えると隣の古い面との色の差が出て、全部貼り替えになるケースも。

◆塗装のメリット

クロスには出せない、光の反射の美しさや、おしゃれさがある。部分的に塗装が可能なので、傷や汚れがついても部分的に塗装をすれば全部塗装し直さな

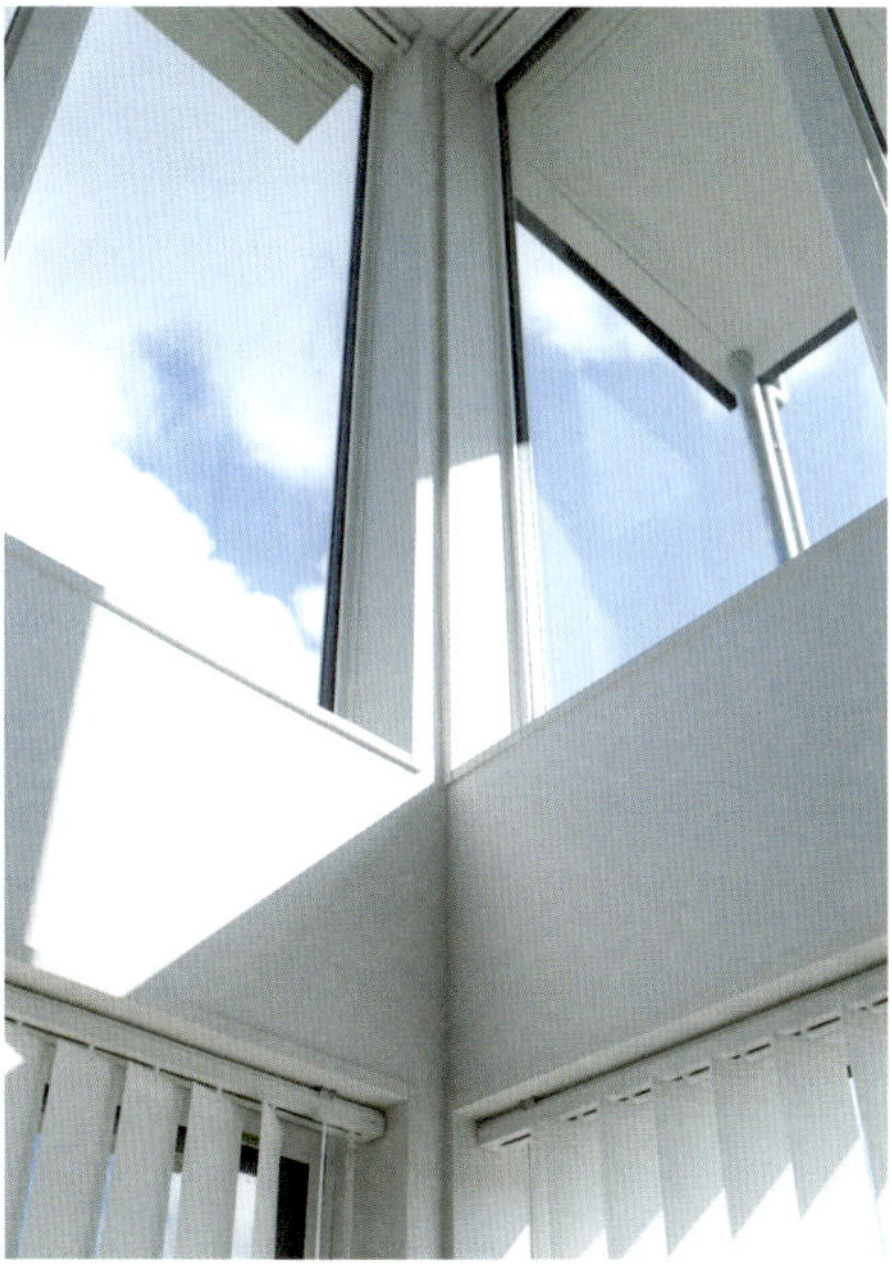

塗装にしたソラ家壁。光がキレイに反射している気がします。

くてもＯＫ。また、材料もホームセンターなどで入手可能だから節約になる。

◆塗装のデメリット

塗装は、下地処理をしっかりした上に、何度も塗り重ねることになるため、時間と費用が壁紙よりもかかる。

ちなみにわが家のすべての壁をクロスにしたときと塗装にしたときの差額は40万円。これは悩む……。でも壁紙と塗装の無印良品の家を見せてもらったときに、塗装の美しさに魅了されて塗装に決めてしまったのでした。

憧れの庭への道のりは……

＋庭のデザインのこと

よく家を建てた人から「建物はできたけど、庭にかけるお金がなくて……」なんていうお話を聞きますが、ソラ家もまさしく、この状況に陥りかけました。せっかく庭が広くなったのだからと、植栽の見積りをお願いしていたのですが、いざ数字が出てきてびっくり！　庭が広いこともあり何と予算の倍以上の100万円アップ。思わず夫と2人で笑ってしまいました。芝生や砂利、ウッドデッキや門をのぞいた見積もりなのに、木って、高いんだ……。

ちなみに家を買うとき、玄関アプローチや門扉といった外構や、庭は別料金。庭やガレージの自動シャッターなどで、数百万かかることも。ちなみに庭や外構の相場は家の値段の一割くらいかけるとバランスがいいそうです。

いろいろ予算オーバーしているし、植栽にかけるお金は見積もりの1／5ぐらいしかない。でも南側と東側は窓が大きいから、目隠しの木は絶対必要！　せっかく大きな窓にしたのにカーテンが開けられないなんて……！　と担当

左奥が目隠しに植えてもらった常緑樹のシマトネリコ。右手前に写っているのは紅葉したヤマボウシ。

者の方とも相談した結果、南側のリビング前には目隠しになるように大きな常緑樹を植えてもらいました。庭に対して木が少なかったので最初は寂しく感じましたが、木は成長するから、最初は少し寂しいぐらいがちょうどいいですよ、という言葉に励まされながら……。でも、お世話のことを考えると、このぐらいが最初はちょうどよかったのかなと今は思っています。

庭に関しては予算オーバーなので、素人でもできることは、自分たちで可能な限りやるようにしました。庭には天然芝を敷いてもらいましたが、玄関アプローチの周りだけは砂利にするため、ここは自分たちで調達&作業。楽天で安かった石灰石砂利を、試しに1袋（20kg）購入。敷いてみるとなかなかよかったので、400kgを追加購入しました。雑草よけの防草シートは、敷くと石がツルツル滑ってしまうし、もし雑草が生えてきても手で引き抜ける程度と聞いたので、敷かずにすませました。素人作業でも、なかなかキレイにできたのではないでしょうか？

庭の木が少なめになった分、自分たちでも少しずつ苗木を購入しています。2mほどのシマトネリコや、1・2mほどのレモンの木、1mほどのユキヤナギにオオデマリ。ネットやホームセンター、花屋さんで買ったので、価格もそれほど高くなく、自分たちで植えたので愛着も増しました！　実は意外と、植えるのも簡単なので、おすすめです。

芝生と玄関アプローチの境目に自分たちで敷いた砂利。

ネットショップで買って植えた植物たち。左がシマトネリコ、右がレモンの木。

使いやすいウッドデッキって？

＋人にも、犬にもやさしい庭に

入居時にはまだ完成していなかったウッドデッキ。建物から土地の端までは8m、ウッドデッキはそのうち3mを占める予定でしたが、測ってみると「広すぎるかも……」。そこで幅は2・5mに変更してもらいました。入居直後に完成したのですが、下の部分の空きが気になる……。忙しそうだし、もう1回来てもらうのは悪いかなと悩んでいたのですが、思い切って空きを埋めてもらうようにお願いしました。マイホームは高い買い物だし、やっぱり気になる部分は遠慮せずに相談するべき、と再確認。

もともとウッドデッキは高さが40㎝ぐらいあったのだけど、ソラの足腰への負担を考え（実はおじさんなのです……）、東側一面を階段にしてもらいました。ちょっと腰をかけるにも便利だし、ソラもひとりで庭に出られるようになったのでお気に入りみたい。庭が広くなった分、人がいっぱいいても窮屈じゃなくなったし、満足しています。

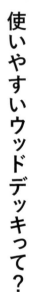

ウッドデッキの下の空きが気になっていた当初（上）。隠れたことで、見た目もキレイになりました（下）。

夜の庭の楽しみ方

＋庭のライトアップ

さて、せっかくの広い庭。「どんなイメージが理想？」と考えると、「森の中のおうちカフェみたいな雑木がある庭」というものが明確になってきました。そこで思いついたのが「庭をライトアップしたい！」というもの。

庭や玄関周りは家ができてから考えるのが一般的だそうです（いろいろ考えないといけないことがありますからね……）。でも私たちの担当者の方は「庭で家の雰囲気は変わりますし、せっかくの広い庭だから家と一緒に考えていきましょう」と提案してくれました。庭のライトアップは地中に電気配線をする必要があるので、事前に考えておいてよかった！　家が建ってから電線工事をしていたらいくらかかかったことやら……。

キッチンから庭を見ながら夜ご飯をつくるのが、今の私のお気に入り。犬たちの夜の庭遊びも日課です。ただしつけっぱなしだと電気代が大変なことになるので、注意しなくてはと思っています。

植栽にライトを設置。中から見るとこんな感じに。LEDなので、虫もあまり寄ってきません。

犬と一緒に暮らす家

＋部屋のこと、庭のこと

ソラ家の大事な家族の一員であるパピヨン（犬）の男の子・ソラ。私たち夫婦は共働きなので、昼間は基本的に留守番。賃貸だとその間、ソラはケージに入っていたのですが、マイホームなら、ソラにも部屋をつくってあげたい！そこで目を付けたのが、階段下の1・5帖ほどのスペースでした。無印良品の家にこういったプランはないので、このスペースは工務店、大工さんと相談して可能になったもの。無印良品の家の雰囲気に合わせて、三角屋根風のデザインにしてもらったのもお気に入りです。

ライトは熱くならないようにLEDに、ライトのカバーは当たっても割れないシリコン素材のものにしました。室内にトイレを置くことが多い小型犬の場合、匂いが気になってしまうことも。ソラの部屋には、L字型の奥まったところにトイレを置いて、換気扇と空気清浄機を完備。トイレ周りの壁にはキッチンパネルを貼って掃除しやすいようにしました。

L字型になった階段下のスペース。一番奥の換気扇の下にトイレを置いて匂い対策。

そしてやっぱり、広い庭で犬を遊ばせることができるのも、マイホームの楽しみのひとつです。庭には、ガーデニングで使ったり、ソラの足を洗ったりできる水栓を設置しました。

部屋のプランを考えているときは、しょっちゅうインターネットで「犬と暮らす家」を検索していました。犬専用のプールがある家が出てきたり、愛犬家の方々のいろいろな家のアイデアや、海外の素敵な家が見られるので飽きません。

そして、引っ越してからソラにボーダーコリーの弟・マメができました。ソラの部屋がもともと広いので、今のところ2匹で分けて住んでもらっています（先住犬のソラが前、マメが奥）。初めての多頭飼い、そして将来は20kgぐらいになる予定のボーダーコリーですが、そのうち「ソラマメ」コンビとして一緒に仲良く遊ぶ姿が見られたらいいなと思っています。

ベビーゲートでL字型を仕切り、犬用の部屋を2分割して、やんちゃな弟・マメの部屋は奥に。

トイレについて

＋清潔感と、リラックスと

トイレで重視したかったのは何といっても掃除のしやすさと清潔感！　それさえクリアしていればＯＫだと思っていましたが、思わぬところに落とし穴が。「リモコンのデザインがイマイチ……」。トイレの壁リモコンは、ランクの安いものだと白のプラスチック感のあるものが多いのですが、もう少し質感がおしゃれなものがいい……。結局、広さをとれるタンクレス（貯水タンクのないもの）のトイレにシルバーのスタイリッシュな壁リモコンの組み合わせに。結果としてペーパーホルダーともシルバーで統一できたのでよかったです。

トイレの窓上天井近くには棚をつけてもらい、そこにAirMac Expressとスピーカーを設置しています。トイレでも音楽を聴くことができる仕組み（P.84参照）は、夫のこだわり。トイレをリラックススペースと考えれば、やっぱり人それぞれのこだわりがあるものですね。トイレの壁は、外壁の白と青に合わせて、ツートーンカラーにしました。

掃除用品もすべて白にそろえています。トイレのペーパーホルダーはシンプルにシルバーのものを。また清潔面から、タオルバーも壁とタオルが付かないようにペーパーホルダーを活用しています。

お風呂の設備は選べない??

＋基本プランがやっぱりお得？

P.30でも書いた通り、無印良品の家では、住宅設備関係は無印良品の家が選定したメーカーの「無印良品の家モデル」から選ぶのが基本。ただ、無印良品の家はフランチャイズのため、実際に建ててくれる工務店によって融通が変わってきたりするみたいです。

私がお願いした工務店は、かなりいろいろと親身になってできることはしてくれたのですが、お風呂は家の保証と切り離せないので、自由に選んで、とはいかないとのこと。疲れを取るお風呂なのに、好きなものを選べないのか……とちょっとがっかりした私ですが、おすすめのメーカーのものを見てびっくり。実は事前に調べていた製品の中で、値段的にも一番いいと思っていたものだったのです。これはきっと、基本プランは最低ランクで、後からプラスになるのに違いない……と思っていたら、そんなこともありませんでした。いろいろ調べて仕入れ値を知っている私からしても、ぜんぜん高くない。これはもしかすると無印良品の家には基本的にこのお風呂が入るから、発注の数が多いということが安さの秘密なのかもしれません。さすが無印良品の家！　と思った瞬間でした。

無印良品のポリプロピレン風呂いす、ポリプロピレン片手桶を使っています。シャンプーやリンスも色味の少ないものに。

洗面所はシンプルに

+暮らしが一番見えやすい場所だからこそ

洗面所は、どうしても生活感が出てしまう場所。収納がたくさんある一般的な洗面台にしようかと悩みましたが、そうしてしまうと一気に、無印良品の家らしいすっきりした感じが消えてしまう。そう考えて、つくり付けの台に洗面ボウルを置くだけの、シンプルで価格も手頃なタイプに決定。台の高さを無印良品のポリプロピレンケース（キャスター付）が入るサイズにしてもらうことでこまごまとした収納問題は解決です。鏡は三面鏡で、中にコンセントを付けてもらったので、ひげそりなどは収納しながら充電できるのがお気に入りです。

シンプルとはいいつつも、実は洗面所自体は割と広め。壁一面に収納棚を取りつけ、シャンプーなどのストック、タオル、ルンバなどの掃除用品を収納しています。壁が少なく、段差がないからこそ、ルンバが動きやすいのもこの家のいいところです。しかし、洗面所に生活感が出すぎないようにするのはやはり難しく、まだまだ試行錯誤中です。

やはり洗面所も、色を白にできるだけ統一することですっきりと。無印良品のポリプロピレンケースだと収納したものが見えないのもポイントです。洗剤などのストックは、無印良品のホワイトグレーのファイルボックスに収納。

照明とスイッチ

＋意外なところに工夫あり！

家をつくるとなると、スイッチの種類や位置まで考えなくてはいけないのが、大変ながらも新鮮な経験でした。基本的には見た目はシンプルなもの。あとは光の強さや色温度（白やオレンジなど）が変えられる変光を付けるかを決めますが、こればっかりは住んでみないとわからないので、とりあえず全部屋調光・変光可にしてみました。スイッチの高さは、設計士の方のアイデアで平均の高さ（１２０㎝）より15㎝低い、床から１０５㎝に統一しています。この高さなら小さな子どもでも手を伸ばせば押せるし、人の目に入りにくいので、壁がすっきりして見えるそうです。玄関は人感センサーライトにして、消し忘れたり、帰ってきたときに暗かったり……を回避しています。

そして工夫したのは寝室。せっかく好きなところに付けられるのだから、ベッドからも消せる位置にスイッチを追加して、眠くなったらすぐに消せるようにしました。

スイッチは、壁の白になじむようにシンプルなもの（右）。位置は視線に入りづらいやや低め（左）。

スイッチもコンセントもない壁を

＋写真スタジオ＆シアタールーム

スイッチやコンセントの場所を選べるからこそできたのが、シアタールーム兼スタジオにした2階のフリースペース。実は私、ブログやインスタグラムを通して、写真のお仕事をいただける機会が増えてきました。せっかく家をつくるのだから、素敵な写真が撮れる、スタジオになるスペースが欲しい！　そう思って、ひとつだけ、スイッチもコンセントもない真っ白な壁をつくりました。バックに何かを敷いたりしなくても、すっきりした白い背景で写真が撮れるので、とても便利なんです。こういうふうに、趣味や好きなもののためのスペースがつくれるのって、やっぱり家を建てる醍醐味なのかも。

白くて大きな壁は、お友達が遊びに来たときはプロジェクターで映画・ゲームを楽しめるシアタースペースに早変わり。白が生きた空間なので、シェルフやソファなどの家具は、できるだけ色味の少ないものにして、ごちゃごちゃしないように工夫しています。

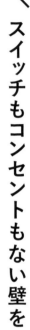

写真の白のイームズチェアのほかには、黒のコルビュジエのソファ、モノトーンのクッションなどを置いて、モノトーンに統一しています。

玄関周りは、家の顔

＋こだわることが愛着につながる

庭の敷地の地下がガレージになっている、いわゆる掘り込み車庫があるソラ家では、門扉まで階段を10段ほど上がる必要があります（下に門をつけてしまうと、宅配便で重い荷物が来たときに自分で持って上がらないといけないので……）。木製の門扉横には、表札と郵便ポストにインターホン。郵便ポストは、家の雰囲気に合わせて、シンプルなオランダ製のものを購入。インターホンはごく普通のものを使っています。とはいえ、インターホンはお客さんを一番最初に迎えるところ。そこで見つけたのが、インターホンカバーです。2万円近くと、こちらも若干お高かったのですが、毎日帰ってきて郵便物を確認するとき、「こだわってよかったなあ」とうれしくなります。

値段や使いやすさはもちろん大事なことなのだけど、こういうちょっとしたところへのこだわりが、愛着へとつながっていくような気がします。

オランダのブランド、ブラバンシアの白い郵便ポストに合わせて、ミュールというメーカーの白いインターホンカバーを選びました。

目隠しも兼ねる掘り込み車庫

＋駐車スペースのソラ家のルール

私たちは車を1台持っています。私がふだんの通勤に使い、土日も2人で出かけることが多いので、おそらくこれからも1台。子どもができて、子どもが乗るようになったら2台になるかもしれませんが。

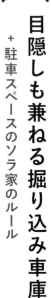

今は1台とはいえ駅から遠いし、来客も多いので、駐車スペースは最低2台は確保したい。そして、道路から家の中が見えないことも譲れない条件だったので、敷地の地下を車庫にした掘り込み車庫、もしくは建物の1階を車庫にしたビルトインガレージは必須でした。今、2つある駐車スペースのうちのひとつが電動、ひとつが手動。なぜ両方電動にしなかったかというと、電動は手動に比べて、価格がほぼ倍だからです……。

通勤に使う車を止める場所は電動、夫が駅まで行くときに使うバイクと、私の自転車は手動の方に、と分けていますが、いちいちバイクを降りてシャッターの開け閉めをするのが面倒ということで、今は先に家を出る夫が手動のシャ

ガレージの奥行きが広いので棚を置いて、スタッドレスタイヤなど車関係のもののほかにバーベキューセットと炭を置いています。バイクが置いてある車庫には、雨具をかけるハンガーラックを置いて、雨の日のバイク通勤で濡れたカッパや手袋などをかけて乾かせるようにしています。

ッターを開けて出勤。私が出勤をするときにシャッターを閉めて、電動の方から車で出勤。帰宅時には私が手動シャッターを開けておき、夫がそこに入庫して閉めるという流れで落ち着いています。

PART

3

家具・家電、どうそろえる?

2017.2~6

家は空間や設備も大切ですが、置かれているものも大事。家具や家電など、なくてはならない、そしてなかなか買い替えられないものはどうやってそろえよう?　毎日一緒に暮らしていてストレスがなく、楽しい気分になるものってどんなものだろう?

生活感が出すぎないように

＋家具・家電についての考え

何度か書いているように私は写真が好きで、家専用のアカウントでインスタグラム（@sora_muji_house）をやっています。写真を撮っていて気づいたのは、「少しの生活感」が気になるということ。

例えば、愛犬ソラと無印良品のサーキュレーターを撮影した写真をいざ「インスタにアップしよう！」と思ったら、愛犬の表情ばかりに気を取られていたけど、扇風機のコードのたるみが気になる……。

たるみをなくしてみると（ソラはもう写ってくれなかったので、サーキュレーターのみですが）、すっきりするしコードが気になりません。そこで決めたソラ家のルール①は「写真に撮って納得できないところをつくらない」。

写真に撮ってみると、家の中を客観的に見ることができて、どこに生活感が出やすいのか、どこを直せばすっきりするのかがわかってくるような気がします。

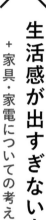

電化製品のコードは生活感が出やすいもののひとつ。生活する中でも、たるみが気にならないようしっかり留めるように心がけています。

私が今まで写真に撮って気づいたのは
・洗面所→ものの色や並び方が不規則だとごちゃっとして見える
・テレビ周りなど→コードが見えると気になる
・キッチン→レンジのガラス面が意外と汚れて見える
・リビング→ラグが曲がっている

といったもの。自分たちが生活していると気にならないけど、お客さんが来たときは気になるかもしれない。そんなことへの気づきがありました。

そしてもうひとつ盲点だったのが、「色」のこと。食器棚に収められたお気に入りのお皿たちを写真に撮ってみたら、色が多くてうるさく感じてしまいました。そこでもうひとつ決めたソラ家のルール②は「家具や家に置くものの色はできるだけ統一する」。家自体が白いソラ家では、家具や家電などもなるべく白を選びます。そしてアクヤントとなるソファなどの青、木のぬくもりを感じさせてくれる茶、そしてグリーンなどの緑。この4色を基本とすることにしました。これで、写真を撮ってもすっきりした印象になりました。もっと部屋をすっきりさせたいと思っている方に、「写真を撮る」&「色をそろえてみる」方法、なかなかおすすめです。

見た目をすっきりさせると、空間も広く見えるので気持ちよく
過ごせるような気がします。

ものを減らすって気持ちいい！

＋断捨離と買い替えについて

家を買ったことで起きた一番大きな変化は「ものを減らしたい」と強く思うようになったこと。結婚して3回の引っ越しを経て、そのたびに部屋は広くなったので、それにともなってものもどんどん増えていきました。夫はあまりものを持たない人だから、家にある必需品以外は、大半が私のもの。なかでも、洋服と美容グッズはなかなかの量がありました。美容系グッズはつい新しいものが欲しくなっちゃうし、社会人10年目ともなると、仕事で着る（けどプライベートでは着ない）服の多さといったら！

P.148で詳しく書いていますが、メルカリなどのオークションも活用し、かなりの量を手放しました。そうしてみると、何とも気分がすっきり！　把握できないほどの量のものを持っていても、結局活用できずにタンスの肥やしになってしまうんだということを実感しました。

そして2人で何日も議論を重ねたのが、賃貸暮らしの頃に使っていた家電や

「いつか着るかもしれない」と悩んだ服は一度着てみて1日過ごし、丈が気に入らない、着心地が悪いなど、着なくなった理由を確認します。また着たいと思わなかったものは処分するようにしたら、把握できる量の服だけを残すことができました。

家具を買い替えるか？　でした。マイホームを建てて、もう引っ越すこともないだろうし、一生住む家だから気に入ったものだけに囲まれて暮らしたい！　でも、それにはお金の問題が。新しい家具を買うのにかかるのはもちろん、大きな家具なら捨てるのにもお金がかかります。でも思い切って私たちは、新しい家に合わないものはすべて買い替えました。お金はかかりましたが、新しいものにしてよかったと思います（しばらくはカードの請求にビクビクしていましたが……）。ひとつひとつの家具や家電を吟味すると「本当に必要かどうか」がわかってきて、家具を減らすことができたし、キレイに保ちたいと思うから、掃除も楽しい。引っ越し、そして家を建てるって、暮らしをより気持ちよくするチャンスなんだなと、断捨離を通して感じました。

リビングの家具

＋統一感のある低めのものに

自分たちも長く過ごすし、お客さんをまず迎えるスペースでもあるリビング。ここの家具をどうするかは、家全体のイメージを決める上でも大事なことでした。まず決めたのは、無印良品の「リビングでもダイニングでもつかえるシリーズ」のテーブルとソファチェア、ベンチのセットでした。このセットを買うと決めてから、ベンチをパソコンデスクの椅子と共用にすればスペースを有効活用できることを思いつきました。しかし、低めのベンチに合うパソコンデスクは見つからず……。備えつけの机をつくってもらうことにしました。

もともと、リビングに置くソファは青のソファベンチがいいよね、と話していたので、ダイニングセットも合わせて、部屋の家具全体を低めに統一したかったのです。

どうでしょう、低めにして、色も青にそろえたことで、すっきりして広く見えませんか？

高さをダイニングセットに合わせてもらった備えつけの机。

人がたくさん集まったときに座る場所に困らないよう、ダイニングセットだけでなく青のソファベンチ、そして無印良品の人気商品「体にフィットするソファ」を置いています。

テレビ周りのすっきり化

＋目隠ししても赤外線は使える！

リビングで大きな存在感を放つのは、やっぱりテレビ。もともとテレビは、私が独身時代に買ったものをリビングで使っていました。引っ越しを機に、枠が少なく、スタイリッシュなものにしたいと、毎日のように価格．comでチェックしながら年明けの初売りを狙いました。家電に関しては価格．comの口コミがとても役に立ちました。

そしてテレビ台は、無印良品のスタッキングキャビネットに。最初はDVDなどのリモコンの赤外線のことを考えて、半分はガラスのものにしようと思ったのですが、ガラスだと中が見えてすっきりしない……。いったい全部隠している人はどうやっているのだろうと調べたところ、実際にやっている人が解決策を書いてくれていました（ネットってすごい！）。

それは「リモコン中継器を使う」というもの。DVDデッキの近くに送信機を、テレビの後ろなど、赤外線が届くところに中継器を置けばOK。ソラ家は楽天

スタッキングキャビネットの扉を閉めれば、中が見えないのですっきり(上)。外に出ているのは、Apple TVと中継器だけ(下)。

で、エルパというメーカーのものを3000円ほどで購入しました。USB電源でプレステなど3台まで操作可能。Apple TV 経由でも映画を楽しむことができるようにしていて、テレビ周りはこの2つしか置かないようにしているので、なかなかすっきりとしています。

リモコンごちゃごちゃ問題を解決！

＋ひとつにまとめてすっきり

テレビのリモコンって、どうしてもカラフルになるし、やっぱり生活感が出ちゃいますよね。シンプルでおしゃれなリモコンに替えることはできないものか……。と探していてたどり着いたのが、ソニーの「学習マルチリモコンHUIS REMOTE CONTROLLER」。小さなタブレットみたいでかわいいし、テレビだけでなく、エアコンや電気のリモコンもひとつにまとめられるので、テーブルにリモコンがたくさんあってごちゃごちゃしてしまう問題もすっきり解決。白でシンプルなのも、無印良品の家に合うのでお気に入りです。１００以上のメーカーのリモコンデータが搭載されていて、家電の種類とメーカーを選ぶだけでリモコンを登録することができます。

最大30個（！）のリモコンをまとめられるそうですが、ソラ家ではテレビとエアコン、扇風機などのリモコンをこれひとつにまとめています。

見た目はもちろん、機能がシンプルで使いやすい。イラストを使った画面にも変更できます。

どこでも音楽が聴ける家

+Wi-Fiとスピーカーでカフェ気分

音楽好きの夫が、マイホームを建てたら実現したかったこと。それは、カフェみたいに、家のどこにいても音楽が聴ける環境をつくること。でもお店みたいな埋め込みのスピーカーを設置するのは、高くて大変！　そこで活用したのが、AirMac Expressと、テレビ周りでも使用しているApple TV（P.81）のアップル製品たち。テレビがあるリビングと寝室、プロジェクターがある部屋にはApple TVをつなげて、音楽を聴くときはテレビをスピーカー代わりにしています。テレビがないトイレと和室には、Wi-Fiのベースステーションにもなる AirMac Expressを設置してスピーカーにつないでいます。iTunesで使用するスピーカーを選べば、好きな部屋に音を鳴らせるように。スピーカーはコンパクトでコスパのいいＪＢＬのもの（６０００円ほど）。

家中で音楽が流れていると、吹き抜けの効果もあってかとても臨場感のある響きになります。

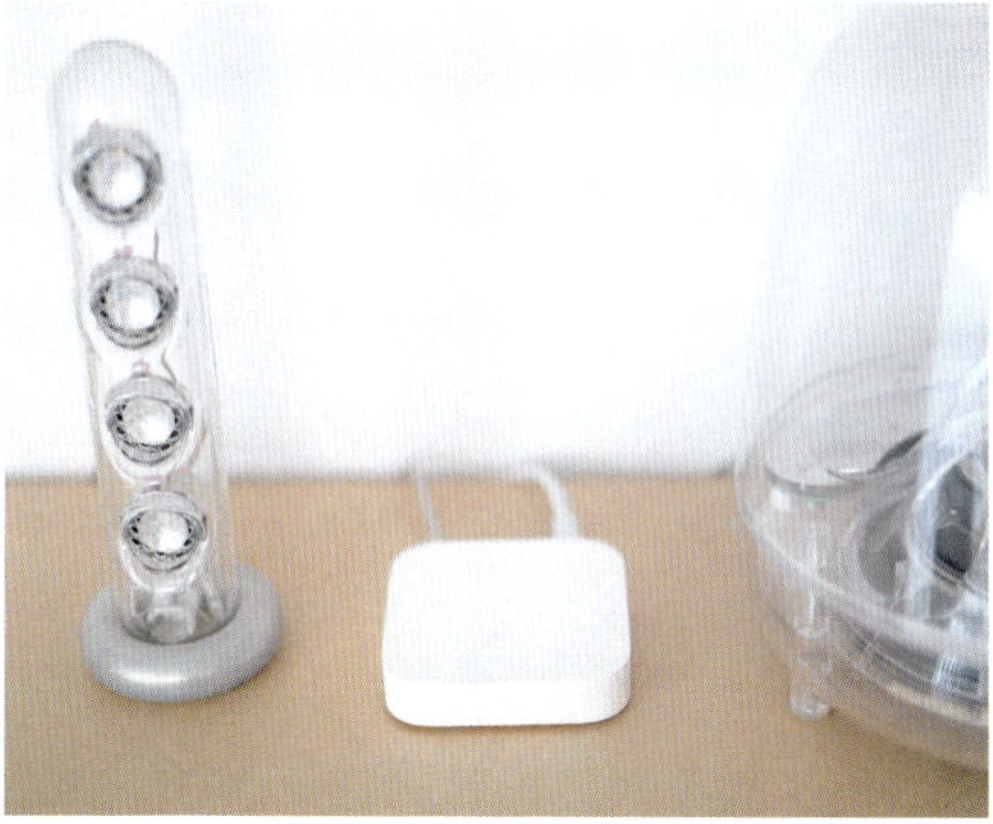

Wi-FiのベースステーションになるAirMac Express。こちらはharmanのkardonというスピーカーにつないでいます。

トイレに置いているのは、真っ白なJBLのスピーカー。

犬の部屋もおしゃれにしたい

+軽くて安全なものを

先住犬のソラ、そして弟のマメには、1・5帖ほどの部屋があることをP.52に書きました。お留守番のときは、この部屋の扉を閉めて出かけるようにしています。そのために購入したのは、既製品のベビーゲート。幅が自分で調整できるものを選んだので、値段を安く抑えることができました。

このゲートに限らず、インテリアは必ずしも犬用グッズから選ぶわけではなく、「これがあったらいいな」という直感で選んでいます。ただ、一点気をつけているのは、ぶつかったり、落としたりしても危なくないものを選ぶこと。上から吊っているモビールは紙製だし、貼ってあるファブリックパネルは、100円均一で売っている発泡スチロールに布を貼ったもの。やんちゃな弟ができたからこそ、何かあってもケガをしないように、犬のためのインテリアや家具は軽くて安全なものを。さらに値段も抑えられたらより素敵ですよね。

気球のモビールは、フレンステッドモビールのballoon 5というもの（上）。マリメッコのファブリックパネルは発泡スチロールに貼りつけた手づくり（下）。

庭といえば……
＋バーベキューコンロ購入！

庭でしたかったことのNO.1はやっぱりバーベキュー！　というわけで、バーベキューコンロを購入しました。決め手は、やっぱり「写真に写ってておしゃれ」「家の雰囲気に合う」の2つ。コロンとした見た目がかわいいウェーバーを買おうと思っていたのですが、4万円ほどとなかなかの値段……。そこで近いものはないかと探したのが、マスタービルトのもの。値段は1万5000円ほどで半額以下！　灰入れ缶に新聞紙を入れて、そこに火をつけるだけで火おこしができるので、それも簡単でうれしい点でした。ウッドデッキにはひさしもありますが、さらに日よけ用にIKEAの3mほどのパラソルの購入を検討中。このときは友人が持ってきてくれました。今まで完全にスルーしていたガーデンファニチャーコーナーに足を踏み入れる日が来るとは……。

何度か雨で延期になってしまったバーベキューパーティーは、秋の初めについに開催することができました。10人ほどの食材もこれ1台で十分焼けるし、車輪がついているから移動も簡単。みんな一緒に外で食べるお肉はやっぱり最高だし、買ってよかった！　庭でバーベキューをする際には、ご近所への匂いや騒音に配慮しつつ、楽しい時間を過ごしてください。

少し小さいかなと思っていましたが、10人でもまったく問題のない大きさ。焼けるまでの時間に軽くつまめるものをつくっておきました。

庭掃除の味方

+屋外掃除機と芝刈り機

春一番に木枯らし一号。強い風に吹かれ、庭はあっという間に落ち葉などで荒れ模様になってしまいます。60坪の庭だけに何とか楽に掃除するためのアイテムが必要……！　そして、やはりネットの口コミを参考に手に入れたのが、屋外掃除機、ブロワバキューム。手元でブロワー（送風）とバキューム（吸う）を切り替えられ、落ち葉やホコリを一か所にまとめてから吸い込みます。芝生でもそのスピードに感動したのですが、なんといっても砂利で使うととても便利！　砂利は重いので飛ばされず、葉っぱだけがどんどん飛ばされていきます。ブロワーにしたときの風圧が強いので、飛んでくるものに注意が必要なのと、音が結構うるさいので、使う時間帯は選ぶかも。

そして、芝生の維持に絶対に必要なのが「芝刈り機」！　友達の「新築祝い、何がいい？」の声に甘えて買ってもらっちゃいました。手動だから電源がいらないし、初心者でも簡単に扱えて、折りたたみなので場所を取らないところも

◎。実際に使ってみると、それほど伸びていないところはサクサク行けるのですが、伸びたところはかなり力を入れないと……！　2週間に一度ぐらいの頻度でお手入れを続けるのがよさそうです。

RYOBIのブロワバキューム。掃除機のように庭掃除ができて便利。165㎝の私が持ってもこの大きさで、重さもそれなりにあります。

ナイスバーディーモアーの手動芝刈り機。慣れてくると力を入れなくても楽に刈れますが、伸びたところはちょっと大変。

キッチンのイメージを統一するために

+白くて明るい場所に

今のところ、まだ真っ白に保つことができているキッチン。シンクまで真っ白にしたことで、清潔感があって明るい場所にすることができました。食洗機は付けませんでしたが、水切りカゴは場所をとるし、置きっぱなしだとやはり生活感が出てしまいます。そこで使っているのがフラットな水切り。使わないときはくるくる巻いてしまっておけるので場所もとらないし便利です。

キッチンにあるスポンジやハンドソープ、食器洗い洗剤もすべて白いボトルに詰め替え。トースターや炊飯器などのキッチン家電も基本的には白を選んでいます。「真っ白だと汚れが目立つのでは?」と思われるかもしれませんが、汚れに気づきやすいからこそすぐにキレイにできる。使うたびに軽く掃除するので、まとめて大掃除をする必要もなくなるし、私の性格にはこの方が合ってるみたいです。

楽天で購入した水切りマットは3000円ほど。くるくると巻いて、左のように収納します。

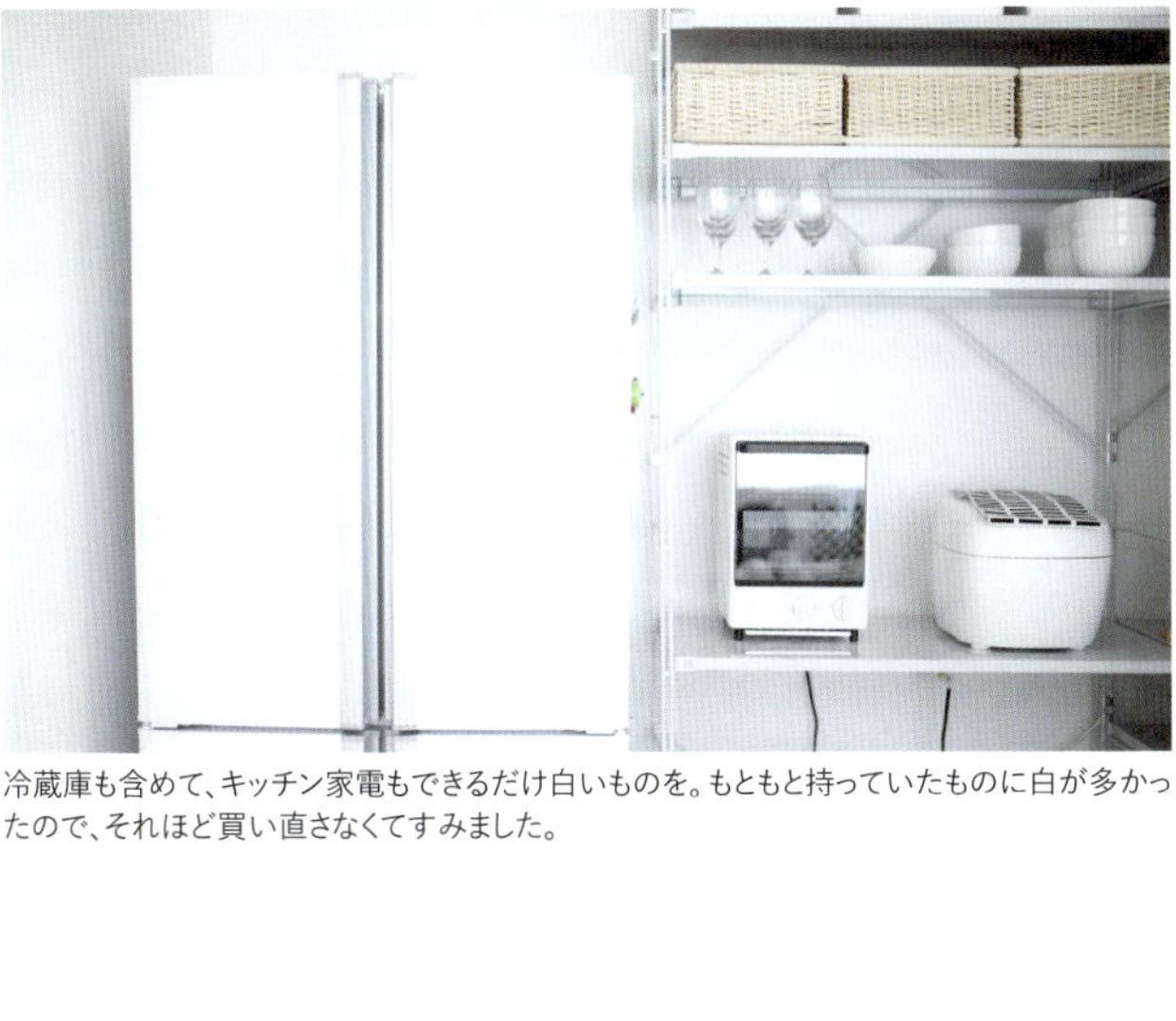

冷蔵庫も含めて、キッチン家電もできるだけ白いものを。もともと持っていたものに白が多かったので、それほど買い直さなくてすみました。

ルンバは家事仲間！

＋毎日の掃除だからこそ

共働き、犬が2匹のソラ家。掃除機はやっぱり毎日かけたい。でも毎朝掃除機をかける時間はない……。ということで、3年前からルンバを家族に加えました。高機能なルンバは値段も高くなってしまいますが、低価格のものはその分時間がかかりすぎたり、段差をのぼれなかったりするらしい。吟味に吟味を重ねて買ったのはルンバ880。掃除機に7万円超えは高いけれど、やっぱり買ってよかった！ 今の家は完全バリアフリーなのでドアを開けておけば、トイレや洗面所、犬の部屋まで一気に掃除をしてくれます。とはいえ、新築の家の壁を傷つけたりするのではないかと不安で、一度ルンバの動きを観察してみたことがありました。すると、ルンバの直径35㎝ぴったりしかないキッチンの引き戸収納の裏側まで入り込んで掃除をしてくれていたのです。なんて賢いのだ……。そして洗面所のルンバの定位置は、意外とスペースが取れなくてこちらもジャストサイズ。自分で充電ステーションまで戻れるか心配しながら見ていたら、こちらも迷わず一度でゴール！

ロボット掃除機は、確かに高いし、贅沢品かもしれません。でも、毎日20分間、3年間で365時間を私の代わりに掃除してくれるこの子には感謝しかありません。寿命が3年ぐらいといわれているので、もう少しでこの子ともお別れかもしれないのですが……（涙）。

毎朝、起きる前の時間帯に掃除をしてくれるようにタイマーをセットしています。

なかなか買い替えないものだからこそ

＋屋外ゴミ箱

戸建てといえば必要なのが屋外ゴミ箱。家の中にゴミを置いておくわけにはいかないし、外に置くだけではカラスの害などでご近所迷惑にも。とはいえ、外から見える部分だし「いかにも」なゴミ箱はいやだったので、ここでも楽天でイメージに合うものを探しました。そこで見つけたのは「木の家」のガルバリウム外壁と同じ素材の、スタイリッシュなシルバーのもの。こちらは2万6000円ほどと少し高かったですが、なかなか買い替えるものではないし、ガルバリウムは耐候性、耐食性も強いので、一生モノと考えればこのぐらいはしかたない！

45ℓのゴミ袋が6個入る大きさで、上だけでなく前面扉も開くタイプ。前面扉が開くと、中が汚れたら庭の水栓を使って水洗いができるし、ゴミが重いときにも無理に持ち上げなくてもいいので便利です。友達夫婦に手伝ってもらいましたが、組み立ても簡単でした。

足立製作所のオールガルバ製ゴミ収納庫。シンプルな見た目と使いやすさがポイントです。

意外なお役立ち家電

＋プロジェクターって楽しい！

真っ白い壁を残した2階のスペース。最初はものも少なく、ガランとした空間をどうしようかと悩んでいました。そこで出てきたのが「プロジェクターを置く」という案。確かにモデルルームなんかで、プロジェクターで映画を投影しているのを見ますよね。

ただ、ソラ家はそこまで映画を観ない……。夫からプロジェクター案が出たとき、カッコイイけど、どうせ使わないよね、と思っていました。2万円ぐらいの安いものだとお昼などの明るい時間は見づらいらしく、買うとしたらそれなりの値段になるし。何日も調べてEPSONの10万円ほどのものに決定しましたが、実際に使ってみてびっくり！　テレビやYouTubeもキレイに見られるし、何より大画面はテンションが上がります。100インチのテレビを買うより断然安いし！　大画面でゲームをするのも盛り上がるので、来客時にもお役立ちです。

プロジェクターは、天井吊りだと場所が変更できないために置き型にこだわりました。

EPSONのEH-TW5350モデル。斜めからも投影できるので部屋の隅に置けて、普段もじゃまになりません。

PART

4

日々の収納・片づけのこと

2017.2~

片づけたときだけキレイになるのではなくて、毎日気持ちよく過ごせる空間をキープするためには、どうすればいいだろう？

片づけがとことん苦手な私でもできる、収納と片づけの方法についてしっかりと考えてみました。

片づけが苦手だからこそ

＋楽してキレイをキープしたい！

ここまで散々「キレイな家をキープしたい」と言ってきましたが、私は本当に片づけが苦手。結婚するときに、母が夫へ「片づけできない子だけど、大丈夫？」と言ったほどで、自分でも「なんでできないかな〜」と落ち込むこともたびたびありました。努力しても、できないことはやっぱりある。だからこそ、そんな自分でもできるように工夫しています。

①人を家に呼ぶ機会を増やす

2人とも元から友人を招くことが好きだったので、あえてやっていることではないけれど、見える部分はこれで片づけるモチベーションを保つことができます。

②写真に撮ってSNSにアップする

写真に撮るとふだん見えないホコリや汚れが見える上、配置のバランスや色合いなど、切り取ることで気づくことがあります。見てもらって、褒めてもらうのもやっぱりテンションが上がります。

友人を招くときの食事は、前の日からつくり置いておけるものや、温めるだけの状態にしたものを用意しておきます。

対面キッチンですが、手元が隠れるので、目の前にお客さんがいても追加の料理や洗い物もさりげなくできます。

その③「簡単」に片づけられるようにする

収納や片づけって、「やろう！」と思ったときは誰だってできるんです。でも、だいたいはそんな気分じゃなかったり、時間がなかったりしますよね。

例えば、たくさんの箱を重ねて、収納していたとします。どこに何があるかわからないから、いちいちいろんなものを取り出してしまって、散らかる。収納もしづらいから、ふだんから片づけなくなる。以前の私はこれの繰り返しでした。片づけたときはキレイだけど、それが続かない。じゃあどうすればいいか？「入れやすく・取り出しやすく・探しやすい」収納にすること。これが私の解決策でした。

例えばこまごましたものが散らかりがちな玄関には、扉が閉められる3段収納の棚を置いています。1段目は夫のスペース、2段目は私のスペース、3段目は玄関付近で使うことが多いものを。鍵、財布、外した時計などなどをぽいっと入れています。戸建てに住んでびっくりしたのは、とにかく鍵の数が多いこと！　それもひとつにまとめてここに入れています。帰ってきたらとりあえずはここに入れて、時間があるときに、しばらく使わないものは所定の場所へ。閉めちゃえばすっきりするので気にならないけど、毎日開け閉めするから、片づいていないものがあるのを、忘れることもありません。

玄関を入ってすぐのところに置いてあるのは、北欧ブランド、カルテルの収納棚コンポニビリ3。

こまごましたものはドアが閉められる収納棚にとりあえず避難！　鍵や財布も入っていて、家を出る前に必ず開けるので、持って行かなきゃいけない会社の書類などを入れておけば、忘れ物防止にも。

収納は増やしすぎない

＋洋服はクローゼットに

ソラ家のクローゼットは、2階にある寝室横のウォークインクローゼット（4・5帖）ひとつだけ。収納を分散させることも考えたのですが、何でもかんでも入れられる収納を増やすことで「場所がわからなくなる」「いらないものが増える」ことを避けたかったのです。一面には無印良品のポリプロピレンケースを、反対側には可動式の棚をつけ、「今の季節に必要なもの」「季節外れのもの」を分けています。洋服関連はここにすべてあるので、探すときもやっぱり楽！　床や棚に直接ものを置くとごちゃごちゃしてしまうので、決まったケースやボックスで統一してラベリングをするのが、すっきりとしたスペースをキープするポイントです。

洋服はすべてクローゼット、洗濯・掃除関連は洗面所、調理関係はキッチン、庭関係は物置、車関係は車庫。そういうふうに収納場所を分けるようにしています。

ポリプロピレンケースを置いた上には、今の季節に着る洋服だけを出しています。

出しっぱなしの冬服をすっきり

＋宅配クリーニング、使ってみました

引っ越すまで、衣替えはせずに1年中服はクローゼットにかけっぱなしでした。そのためクローゼットはパンパンだし、服を探すのもひと苦労。新居には4・5帖のウォークインクローゼットがあるので、収納は増えたのですが、やっぱり季節のものを出しっぱなしだとすっきりしない！　ということで今年から衣替えをすることにしましたが、コートなどの大きな冬物衣類は、片づけるといってもなかなか難しい。そこで私が活用し始めたのが宅配クリーニング。クリーニング屋さんが空いている時間に行く必要も、重い荷物を抱える必要もない上、まとめて出せば、普通のクリーニングより安い場合も！　私が利用している「リナビス」（http://rinavis.com/sp/）は、ボタンが取れていたら無料で付け直してくれる「おせっかいサービス」など、洋服を丁寧に取り扱ってくれる点に惹かれました。そして一番のポイントは「6か月間保管無料」！　クローゼットが冬服に圧迫されないし、虫食いの心配もなし、クローゼットの防

虫剤臭も軽減されるし……といいことづくし。

クリーニングをするほどではない（あまり気に入っていない）服を手放すきっかけにもなったし、収納の面でも、整理の意味でも、宅配クリーニングはおすすめです。

ネットで申し込むと自宅にキットが送られてくるので、クリーニングしたいものを詰めて集荷してもらいます。

着ないものはクリーニングに預けたので収納に余裕が（右）。ふだんはロールスクリーンで目隠しを（左）。

ただすっきりはしても洋服が見えるとどうしても生活感が出るので、入居後自分たちでロールスクリーンを付けました。洋服をかけている反対側の壁には、90cm幅の棚を付けてボックスを置いて収納にしています。一番下に置いている無印良品のポリプロピレン頑丈収納ボックスは、安くて軽く、収納力もばっちり。棚に直接ものを置くとごちゃごちゃするので、同じストックボックスをたくさん購入してそこに入れています（ちなみにソラ家で使っているハットのクラフトボックスLサイズは、5個で2500円ほど）。ラベルに何が入っているかを書いておけば探すときにあちこちひっくり返さなくてすむし、何かを買うときもここに収納することを考えるので、不要なものが増えないという利点もあります。

ウォークインクローゼットは、ごちゃごちゃとものを押し込めがちで、一番生活感が出やすい場所。この空間をよりすっきりとおしゃれにすることがこれからの課題です。

ほかの季節ものは、棚の上に置いたボックスに収納しています。

ドレッサーこそシンプルに

＋探しやすい、使いやすいをポイントに

「ドレッサー」と聞いて、どんなものをイメージしますか？　お姫様のようなキラキラなものや、大きな三面鏡の付いたもの、いろいろあると思います。今の家に越す前は、私も「ザ・ドレッサー」という感じの三面鏡が付いたものを使っていましたが、今はＩＫＥＡの真っ白なデスクを利用したシンプルなもの。「ミニマリストにドレッサーは必要ない」とある本に書いてありましたが、そこまでいけない私……。ベッド脇のスペースをメイクスペースにしています。

机の上には美顔器とくし、ヘアクリップ、鏡、アクセサリーケース、そして見えるところに置きたいシャネルのネイルとフェラガモの香水を。左側の引き出しにはメイク道具、右の引き出しにはアクセサリーを収納しています。メイク道具は種類別に、アクセサリーはひとつひとつの「個室」を決めています。断捨離をするようになってから、不思議とメイクも最小限に（平日はミネラルファンデーションと眉だけ）。メイク落としをしなくなったせいか肌もキレイ

になったような気がします。アクセサリーはひとつひとつの場所を決めることで、探しやすくなったし、空きスペースがあると「どこに置いたっけ？」となるので紛失もしにくくなりました。

引き出しにしているカルテルのコンポニビリ3の中には、コットンやパックなどの消耗品と、私だけのスペースなのでへそくりの貯金箱などを入れております（笑）。

メイクスペース。メイク道具やアクセサリーは、100均で買ったピルケースや、空き箱を利用して仕切りをつくってそこに収めています。

気になるコード類

＋目隠し＆引っかけですっきり

コード類の配線って、気になりますよね。ものをどこに配置するかを考えてからコンセントの位置を決めたとはいえ、やはり配線がごちゃつくところは出てきます。ソラ家ではそんな場合ケーブルボックスにしまっていますが、ＰＣがある足もとは４口あるのでやっぱりまだごちゃごちゃ……。そこで、Ｐ.82で紹介したソニーのリモコンを前に、ＩＫＥＡで買ったフェイクグリーンを横に置いてさらに目隠しにしています。

もうひとつ気になるのが、スマホやノートＰＣの充電スポット。充電器を差しながら作業をすることも多いので、差した状態でも、抜いた状態でもすっきりさせることはできないかな……。そう考えてたどり着いたのが、テーブルの脚に、コンセントを引っかけるフックを貼りつけるというもの。必要なときはコードを引っ張り出して、使わないときはここに引っかける。これで充電スポットはだいぶすっきりしました。

サンワサプライのケーブル&タップ収納ボックスは、楽天で購入。

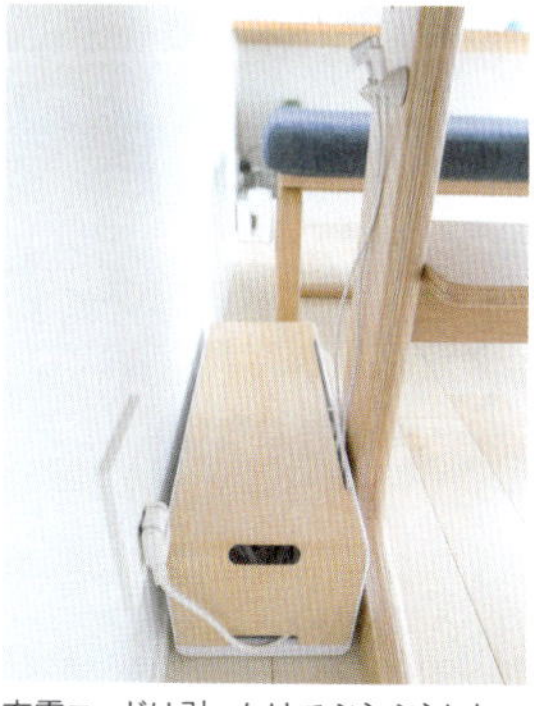

充電コードは引っかけてぶらぶらしないように。

生活感の出る場所ほど、色は少なく

＋洗面所は清潔感第一！

お風呂用洗剤などのボトルは、ふだんは隠しているものなのでついつい後回しになってしまっていましたが、無印良品の詰め替え用ボトル（ポリプロピレンスプレーボトル）を大量購入して一気に片づけました。詰め替えてラベリングしたら、すっきり！

既製品のボトルは派手だし、横幅が長いので、収納するとデッドスペースが多いのですが、無印良品のボトルなら、無印良品のポリプロピレンファイルボックスに入れれば高さもジャストサイズ。詰め替える前は、少しカラフルなボトルが中から覗いていたのが気になっていましたが、白で統一したことで清潔感が増しました。

どうしても生活感が出やすい場所は、色数を減らすことでぐっとおしゃれになる気がします。そのため、ソラ家の洗面所はボックスからタオルまで、ほとんど白でそろえています。ルンバも、次に買い替えるときには、白にしようかな。

市販のカラフルな洗剤類は、白のスプレーボトルに詰め替えればこんなにすっきり。ポリプロピレンファイルボックスは、スタンダードタイプ・ワイドのホワイトグレーで統一しました。

「ちょっと増える」も意外と大事

＋ベッド下の収納

ベッドってなかなか大きな買い物だし、引っ越しでベッドを買い替えるかどうかは、悩みますよね。ソラ家でも、今までの引っ越しではそれまで使っていたものをそのまま新居へ持っていっていました。

今回買い替えた大きな理由は「収納を増やしたかったから」。それまでもベッド下収納付きのものを使ってはいたのですが、それだとお客さん用の布団が収納できなかったのです。使用頻度は高くないけど、いっぱい人に遊びに来てほしいソラ家では必需品。ウォークインクローゼットに収納することも考えたのですが、布団ってケースに入れても、どうしても生活感が出てしまいます。だからこそ、ベッド下収納にお客様用の布団も含めて、布団関係のものは全て収めたかったのです。

今、ベッド下にはお客さん用布団2組以外に、季節用布団（夏用の布団など）、毛布、電気毛布、枕カバー、シーツなどなどを収納しています。

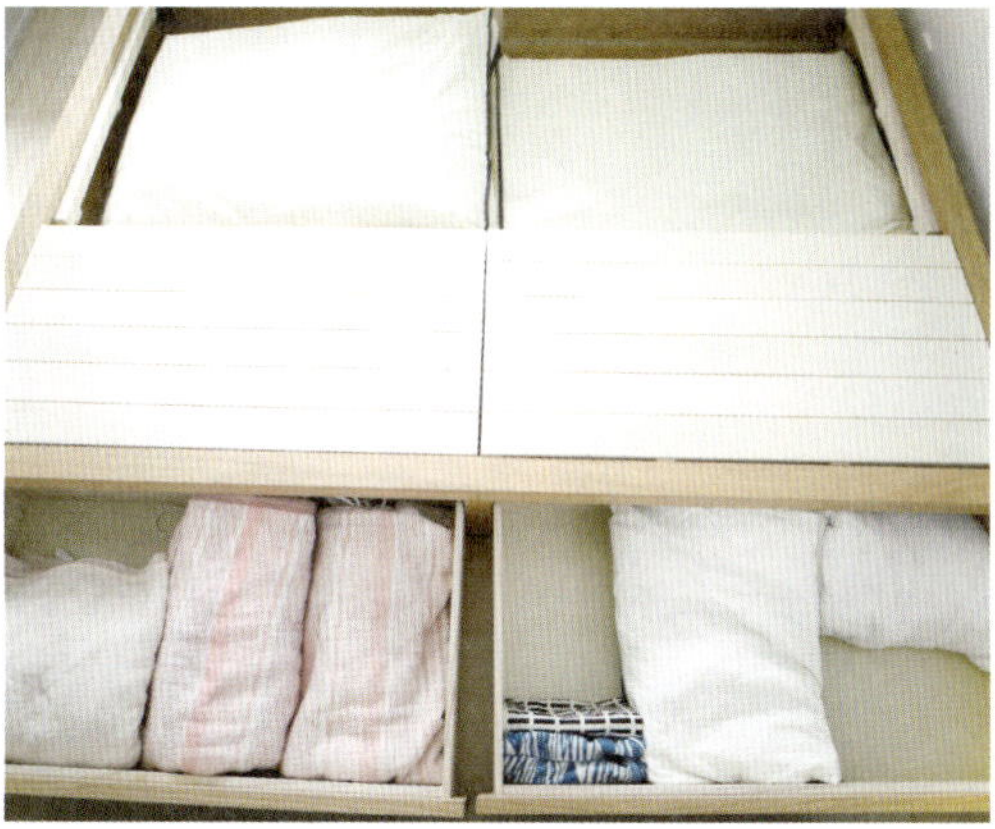

写真の上部がお客さん用の布団、下がそのほかのものを入れた引き出しです。少し増えて十分な収納になったことで、快適さがぐんと増えました。

ベッド脇には、無印良品のコンパクトスチールキャビネットを置いて、ナイトスチーマーとティッシュ、引き出しには体温計などを。下の収納にはジャストサイズに収まる無印良品のポリプロピレンファイルボックス・スタンダード・ワイド（ホワイトグレー）が2つ入っています。

この、「無印良品の家具に、無印良品の収納アイテムを入れるとぴったり」なのがすごーく便利！　ここには私の化粧水や乳液など、寝る前に使うものを入れています。上から中が見えるとごちゃごちゃしてしまうので、アルテックのハギレで目隠しをしています。

スチールキャビネットは台車が付いているので掃除がしやすいのもポイントです。

気分が上がる玄関

＋シンプルだけど、華やかに

玄関に小窓を付けたのですが、ここを曇りガラスにしなかったのを少し後悔していました。だけどなかなか置くものが見つからず……。そうしてやっとしっくりくるものを見つけました！　それはかすみ草をピンクに染めたドライフラワー。最初は普通の口の小さな花瓶に入れていたのですが、なんだかピンとこなくて、イッタラのフラワーベース（今までリモコン入れに使っていました……）に飾ってみたら、びっくり。ピンクの枝がふわっと広がって、まるで桜みたい。目隠しにもなるし、玄関が華やかにもなりました。

以前は玄関に北欧デザインのダーリン・クレメンタインのポスターを飾っていましたが、今は友人のミニチュア写真家・田中達也さんのポスターを額装して飾っています。立てかけるだけの絵やポスターは、季節や気分に合わせて気軽に雰囲気が変えられます。

玄関は家の第一印象。お客さんはもちろん、住んでいる自分たちも「わが家っていいな」と思える場所にしたいもの。まだまだ手つかずなので、すっきりしつつもいかに気分が上がる空間にするか、日々思案中です。

ほかのスペースでは色を抑えているからこそ、淡いピンクが華やかに感じます（上）。田中達也さんのポスターで毎日ハッピーな気持ちに（下）。

洗濯とベランダ

＋時短の工夫

夫婦2人と犬2匹のソラ家。洗濯は毎日か、2日に1回という頻度です。朝の忙しい時間に洗濯して、干して、なので、やっぱり少しでも時短したい！

そこで、洗面所の取り出しやすい場所にカゴを置いて、使うときは洗濯機の前にスライド、そのまま雪崩のように洗濯物をカゴへ。洗濯に必要なハンガー、洗濯バサミはクローゼットでも活躍中の無印良品のポリプロピレン頑丈収納ボックスをベランダに置いて収納しています。雨風にも強いし、しんどいときは座りながら干すことも（笑）。ハンガーは無印良品のものでそろえているので、取り込むときにいちいち外したりせず、このままクローゼットへ入れればOK。このあたりが時短の工夫です。

ちなみにベランダは、スケルトン仕様。水やゴミが溜まらないのでベランダ掃除の必要がなく助かっています。これも時短といえるのかも。下が見えて怖い場合には、オプションで見えない仕様にもできるそうです。

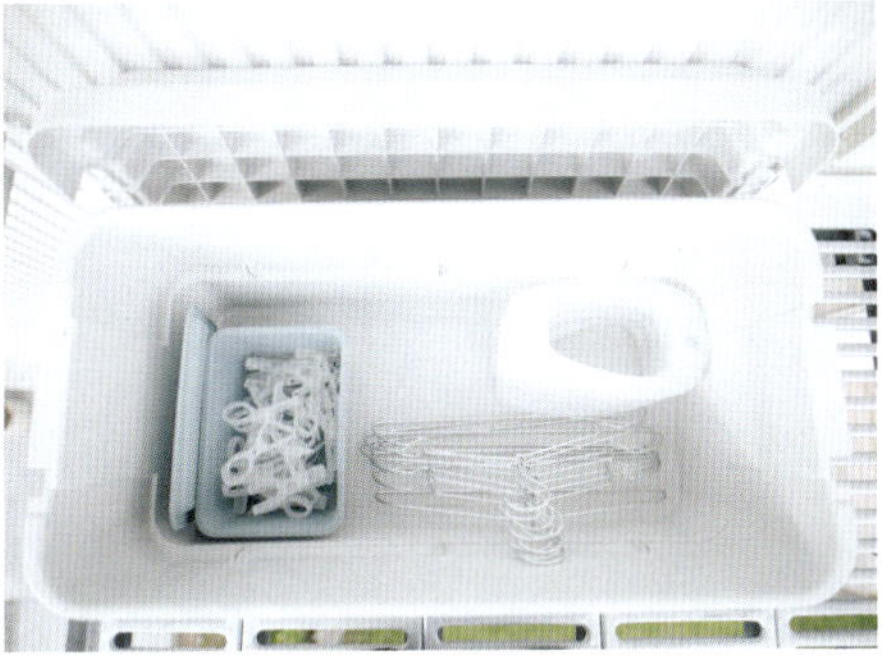

洗濯物をサッと取り出せる動線に(上)。ハンガー、洗濯ばさみは種類を統一(中)。スケルトンなのでゴミが溜まりません(下)。

キッチンの収納

+食器類も色数を減らす

キッチンの背面を一面収納にしたので、食器や鍋などの調理器具、オーブンなどのキッチン家電はここにすべて収めています。扉を閉めれば見えなくなりますが、調理しながらお客さんとお話をしたりすればここもしっかり見えてしまいます。引っ越しを機に食器類はだいぶ整理をしましたが、並べてみるとなんだか色が多くてうるさく感じてしまう……。そこで、気に入っていても、色や柄が派手なものはボックスに入れて、シンプルな器だけを見えるようにしました。実はこれも、写真を撮っていて気づいたこと。

おはしやスプーン、フォークなどは、種類ごとに入れる場所を決めて、ごちゃっとしないように。探すときに時間がかからないだけでも、調理のストレスがぐっと減ります。キッチンペーパーやスポンジのストックは、袋のままではなく使う状態にしてストック。袋から出すことでよりすっきりして見えますし、使うときもぱっと取り出せて便利です。

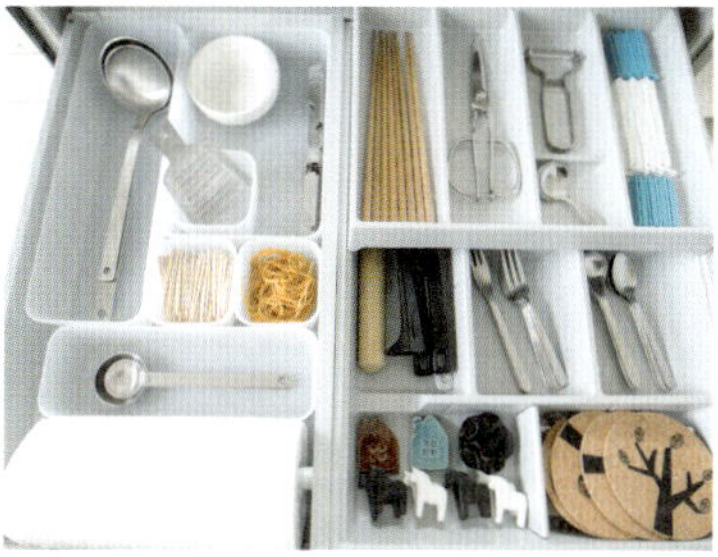

開けてもすっきり見えるように、色数を減らして（上）。ものの定位置はしっかり決めておきます。仕切りは100均で購入したものなどを利用（中・下）。

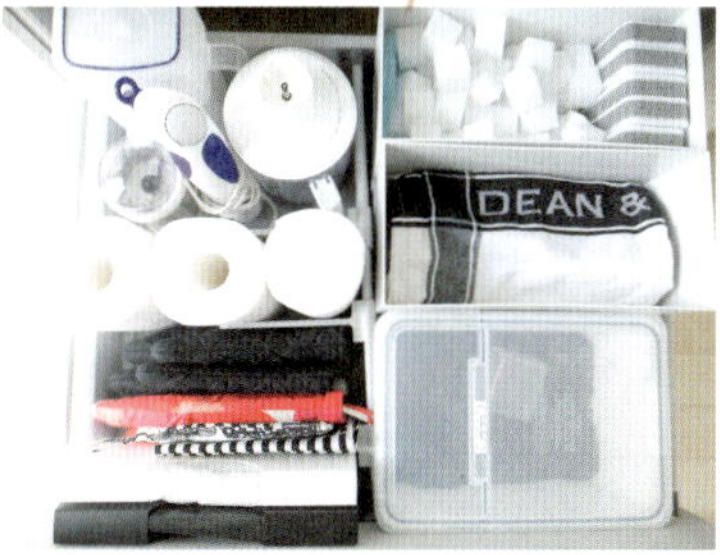

初めてづくしの芝生のこと

+ 水のやりすぎにも注意！

家を建てたばかりの頃はまだ茶色だった芝生が、7月頃からモサモサと緑色に。「芝生らしくなってきた！」とテンションが上がり、何も考えず毎日朝・夕と水をやっていました。ところが大雨が降り、庭に水たまりができた翌日。庭を見たらびっくり！　昨日まで緑だった芝生が茶色に……。

ネットでいろいろ調べたところ、「水のやりすぎ」が原因だと判明。水をやらないこと、日光で根を乾燥させることが対処法とわかり、水をやらずに1週間。もともと日当たりがいいこともあってだいぶ緑に戻すことができ、ついに夏の暑い盛りには、2週間に1回は芝を刈るぐらいまで元気になってくれました。

人生で初めての庭、人生で初めての芝生。これからもいろいろありそうですが、大切に育てていきたいと思います。

1週間ほどで、ほぼ目立たなくなった茶色の部分。今は元気に育っています。水やりは、夏は毎朝・毎夕の2回。雨が降ったら水やりしなくていいので、「ラッキー」と思うようになりました（笑）。それ以外の季節は2日に1回ほどです。

家庭菜園始めました

+収穫したては、やっぱりおいしい！

バーベキューに続いて、庭でやってみたいと思っていたことのもうひとつは、家庭菜園。何でも枯らしてしまう私にはハードルが高いと思われたこの目標ですが、何とか収穫できるぐらいまでになりました。

家庭菜園もやはり生活感が出やすくなるので、植木鉢は、普通のプラスチックや陶器のものではなく、リサイクル素材を使ったウォルナットのルーツポーチという布製のものを選びました。軽くて取り扱いが楽で植物の成長にいいのはもちろん、やっぱり見た目がかわいい。庭の一角に棚を置いて家庭菜園スペースにして、ミニトマトやブルーベリー、レモンなど、初心者でも育てやすい（そして食べられる）ものから育てています。まだまだこれからだけど、毎日の成長を見るのが楽しいし、何より庭から収穫したてのものを食べることができます。それが、毎日をとても楽しくしてくれています。次は何を育てようかな。

収穫したミニトマトでサラダをつくったり、レモンでレモン酢(健康のために毎晩飲んでるものを、自分で育てたものでつくれるようになりました)をつくったりしています。夏の間はブルーベリーを毎朝収穫して、ヨーグルトに入れて食べています。

付録

マイホーム準備編

2016.1~8

マイホームを建てるには、もちろん準備が必要。普通の会社員の私たちが、貯金や、お金のことをどう考えたのか、土地探しや契約はどうやって進むのか、などなど、家づくりのことを何も知らないところから手探りで進んでいった記録です。

かかるお金ってどう考えればいいの?

+ 予算計画スタート

「家を建てよう!」と思ったときにまず考えるのはお金のこと。まず、自分たちが建てられる家の予算をざっと算出しました。現金一括で買えたら何の問題もないのですが、やはりここはローンで考えました。

私たちのざっくりした支払える額の計算方法は、次のようなもの。

①年収×0・3(年収の3割を返済と仮定)=A

②A÷12か月=1か月の支払い額

③A×ローン年数=家の予算

後からわかりましたが、だいたいこのくらいが私たちの借りられるローンの額に近かったのです(ソラ家は共働きですが、夫ひとりでローンを組むので、私の収入は入れていません)。この予算で建てられる家を探すには? と最初は資料の山の中で途方に暮れました。予算は限られている中で、住みたい家、住みたい場所をどう探すか。時間はかかるかもしれない。でも、よく考えたら急ぐ必要はない。妥協してまで、建てないといけないことじゃない。
こんな感じで、私たち夫婦は、住みたい家と場所探しをスタートしたのでした。

家の広さや間取り、通勤可能な場所、将来どのように過ごしたいかなど、お互いの希望を書いたノートと、何度も開いて見た「無印良品の家」のパンフレット。

何のために、いくら貯めるかを明確に

＋マイホーム貯金

結婚するとき、夫には「少し田舎で庭のある一軒家に住む」ことが私の夢だと話しました。「都会のマンションがいい」という人もいるので、あとでもめたくなかったのです。夫は特に場所にこだわりはなかったので、マイホームは2人の目標として考えられるように。そして「家貯金」の銀行口座をつくり、毎月5万円ずつ貯金を始めました。ただ漠然と「貯金しよう！」だとなかなか難しいものですが、「何のための貯金」で「いくら貯めたいか」を明確に決めておくのは、成功の秘訣だったと思います。

結婚して7年。12か月×7年×5万円＝420万円が貯まりました（本当は500万円くらい貯めたかったのですが、予定より少し早まったので……）。夫の仕事の関係で転勤がなくなったこともあり、「家を買おう！」と思ったときには、頭金の足しになる準備金ができていました。

家を買うというのは、人生で一番高い買い物ですから、やはり大変です。でも、

大変だからこそ、夢や目標を達成する楽しさがあるんだと思います。確実にいえるのは、7年間毎月少しずつ貯金して、マイホームを夢見る時間は、私にとって、とても楽しい体験だったということです。

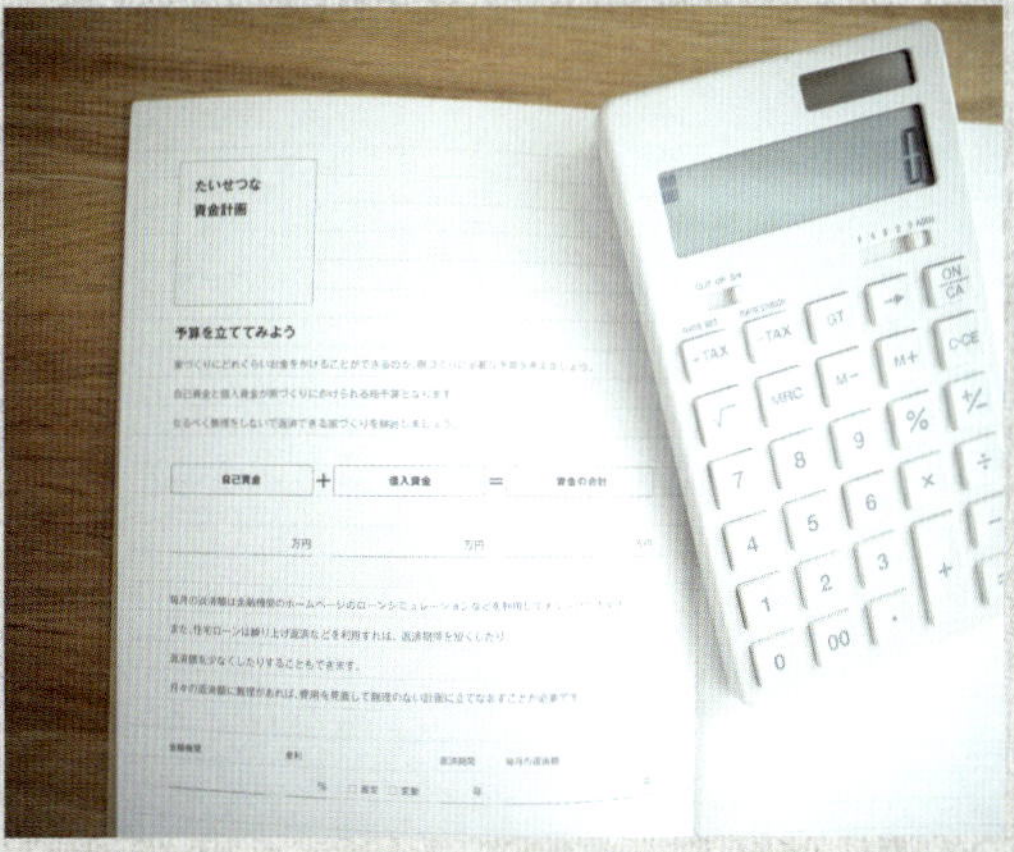

お給料が入ったらすぐに5万円はマイホーム貯金に入れて、そのほかも何に使う分なのかを明確にして残ったお金で生活するようにしました。小さなことでは、毎日お財布に残っている小銭をすべて貯金箱に入れるという貯金もしています（1000円札を崩したら貯金箱に入れないといけないので、細かいむだ使いが減りました）。

土地探しの旅

＋運命の場所を探して

住みたい家は、建物だけじゃなくて当然周りの環境も大事。なかでも「カーテンを開けていても視線が気にならない」ことは、絶対に外せない条件です。建てたいのは、窓が大きな家だから、なおさら。

そこで、まず高台にある土地を探しました。見つけたのは、道路から4m高台にある土地。20段くらいの階段をのぼると、そこには、いっぱいに広がる山の風景。家はない。人もまったく見えない。

「ここ、いい!!」

土地を決めたらまず、日の向きや建築法、土地の状態などさまざまな条件を踏まえ、どんな家なら建てられるかのプランニングをしてもらう必要があるのですが、依頼してから1週間後、何やら不思議な向きに建ったプランが……。日の向きや、「がけ条例」といったその土地特有の条例などでこうなってしまうそう。住む地域などによってさまざまな規制があることを知りました。ちなみに、高台にある家は、土砂を下ろしたり建て具を運んだりするクレーンなどが必要になるので、普通より建築費用がかなりかかるのだとか。でも、高さ2m以内くらいなら、トラックを横づけできるのでそれほどかからないそうです。

少し賢くなったところで土地探しを再開しましたが、「建築条件なし」の土地に絞るだけでも、候補地は激減。時とともに急降下していくテンションを上げるため、カタログを見て、考えて、書いて、住んでいる姿をイメージしつつ、土地探しの旅を続けました。ネットで、チラシで、車で、犬の散歩の途中に……いろいろな方法で土地を探しているうちに、ここは？ と気になる土地がやっと見つかりました。最寄り駅から徒歩20分で、終バスも早い。車通勤の私はいいとしても、電車通勤の夫には負担が大きい。でも、とにかく現地に行ってみることに。Google Earth を駆使して、めぼしいところに車を走らせてみると、ネットで見るよりも断然、いい。

「ここ、いいな」

お互いそう感じているのがすぐわかりました。よし、ここに決めよう！

ところが、ここにもやはり問題が……。

建てたい家と建てられる家

+土地に合った家を見つけよう

2人の気持ちが固まったところで、再度プランニングをお願いしました。1週間後くらいに打ち合わせとなり、ルンルン気分で見せていただいたのは3プラン。しかし、プラン1、プラン2、プラン3と見ていくごとに、再び私のテンションは急降下。理由は、1階部分に掘り込み車庫が2台分あるため、90坪近い大きな土地なのに、車庫の上には強度の問題で家が建てられない。ここじゃ建てたかった大きさの家が建てられない……。

この土地もダメかな、とあきらめかけた私。それに気づいた夫が、改善策を模索し始めました。最初は南側だけに大開放の窓を付ける予定だったのを、東側も大開放の窓にして、そこから大きな庭を見られるように。

「無駄に広いお庭やん……」と私のテンションは低いまま。

大開放の窓に縁側みたいなウッドデッキを付け、そこに座って広い庭を見る。

「ん？　悪くない？」とちょっと乗り気に。

さらに、南側と東側のウッドデッキをつなげて、大きなウッドデッキに。

みるみる私のテンションは上がり、前のめりになりました。リビングが広く、人が集まる家にしたかったけれど、庭でも楽しむことができる。土地いっぱいに家を建てるのではなく、余裕があるからこそできる形。理想の土地でも、建てたい家が建つとは限りません。建てたい形にこだわらず、土地にあったさまざまな可能性を探すことが大切。またひとつ、勉強になりました。

お金のこと①

＋まずは住宅ローン申請！

建てたい土地が決まって、住みたい家のイメージも固まってきたら、次はいよいよ契約……の前に避けて通れないのが住宅ローンの審査です。土地の契約までに事前審査が通っていればだいたい問題ないことが多いようです。

夫は安定した仕事なので、幸い早めの事前審査はＯＫでした。ちなみに、調べたところによると、審査の基準は会社の安定性だけでなく、その人の支払い能力もチェックされます。なので、安定した仕事であっても過去の金融事故、車のローンやカードローン、忘れがちな携帯電話のローンなどすべて含めて判断されるということ。

例えば、ローンを組む場合の支払い可能額が３０００万円と判断された場合。３０００万円で融資希望額を出しても、車のローン、携帯のローンなどがあった場合、通らない可能性が出てきてしまうそう。だから可能であれば、車を買うときもキャッシュで、携帯を買うときも一括で（それが難しい場合は、夫がローンを組むなら、妻が購入するとか）にしておけば、融資ギリギリな額で落とされる確率は減ると思います。もし3100万円必要で、3100万円で希望額を出した場合、3050万円なら融資可能であってもローンは通りません。銀行はいくらなら融資可能かは教えてくれないのです。

そして大事なのが、団体信用生命保険。これは、ほとんどの人が住宅ローンを借入するときに入ります。ざっくり言うと、借入主が死亡した場合、残された家族がローンを支払わなくてもいいというもの（なので、保険料はとても高いのです……！）。私は少しでも節約するために、団体信用生命保険と、全社の収入保障保険（団体信用生命保険に代わる民間の保険）を比較しました。しかし、以前生命保険会社に勤めていた私でも、この比較は結構大変。これは、プロのファイナンシャルプランナーにお願いする人が多いようです。比較するのは大変なことですが、ソラ家はここで170万円ほど節約できました。ただしまったく同じ条件で比較するのは難しいので、そこはしっかりと考えて選んでください。

お金のこと②

＋ついに土地の契約！

そしてついに土地契約！　関西人だし、やはり値切り交渉しますよね？　というのは冗談ですが、値段と買うものが釣り合っているかを確認して、その値段の根拠を聞いて、納得して進みたい。やっぱり大きな買い物だから、後悔したくないですしね。ちなみに値切りの相場は売値の1割。提示してみたものの、区画で一番いい土地ということもあって、結果は0・5割ぐらいになりました。そこで合意したら不動産屋さんに契約の意志を伝えて、仮契約となります。その後1週間ほどで、不動産屋さんと本契約＋契約金（1割程度）のお支払い（このときは融資が実行される前だから、自分たちの貯金からの支払いになります）。

住宅ローンの審査が通ったあとは金銭消費貸借契約、略してキンショー契約というものを交わします。金融機関とローンを正式に契約するので、どのようなローン（商品）を選ぶか、そして借入する際の適用金利なども確定します。

この締結が無事に終わると、融資金の実行予定日が決まります。金融機関によっては、翌日以降の融資実行が可能となるところもあるようですが、だいたい1週間程度は余裕をみた方がいいようです。融資実行日は、すなわち土地の残金決済・引渡しの日を意味していますので、私たち買主だけでなく、売主の方の日程調整も必要。買主は義務として、その前までに不動産登記をしなければなりませんが、通常は金融機関または仲介を行う不動産会社が手配した司法書士の方にお願いするのが一般的。ちなみに、司法書士の方に登記を頼むだけでも30万円ほどかかる上、土地の購入時と、建物が建ってからの2回登記が必要になるので、登記だけで50万円くらいかかりました。このあたりもローンが下りる前だから自己資金の準備が必要なんです。それに契約の際に必要になる収入印紙代が1万、2万……。

ほんと、家を建てるってこまごまお金がかかります……。

お金のこと③

＋土地の税金・不動産取得税

注文住宅を建てる場合、まず土地を購入してから家を建築します。土地を購入して6か月～1年くらいで、税務署から土地のみの納税通知書が届きます。ただ、家を建てるために購入した土地には、徴収猶予措置というものがあるのです。住宅ができるまでの間は不動産取得税の徴収を猶予したり、減らしたりするという制度です。不動産取得税は各都道府県によって微妙に違いますが、ハウスメーカー（ソラ家の場合は無印良品の家）に必要書類を準備してもらい、税務署のウェブサイトから、不動産取得税減税徴収猶予申告書というものをダウンロードしました。必要事項を書き込み、必要書類を添付して、県税事務所に郵送するか、窓口に直接提出します。

ちなみにソラ家は12万1500円→3万5200円になりました（ネットで調べると「ゼロになる場合が多い」と書いてあることが多かったので、「もしかしたらうちも払わなくてもいいかも」と期待しましたが……）。念願の少し広めの土地を買ったわけだし、9万円近く安くなったのでよしとしました。いろいろな手続きがあって面倒、とそのまま払ってしまいたくなりますが、せっかく減税できるのにもったいない！　いろいろな方がブログで実体験を書いていたりするので、疑問があったら一度調べてみることをおすすめします。

ソラ家の費用削減方法

＋入居前はひたすら比較！

長々とちょっと面倒なお金の話をしてきましたが、実感したのはやっぱりこまごまとお金がかかること！　そのために、入居前にソラ家でした費用削減のあれこれをご紹介します。理想の家のためにお金がかかるのはしかたないけど、家ができたらそこでゴールではなく、マイホームはあくまでも、幸せに暮らすための途中経過や再スタートのタイミング。お金をかけるところはかけて、節約できるところは節約することが大切だと思います。でも、つらくなるような節約方法じゃなくて、楽しみながらできるというのがポイントです。

①引っ越しの荷造りがてら使っていないものの買取・処分

ブランド品や家具・家電はリサイクルショップへ。その他リサイクルショップで買取してもらえないものやリサイクルショップより高く売れそうなものは、オークションやメルカリを利用しました。メルカリは正直「えっこんなものまで?」っていうようなものまで売れたりしました。使っていたカーテンや、途中で使わなくなった化粧品や香水。使わないおもちゃなどなど。10年以上前に集めていた1枚1000円くらいするブランドハンカチも1枚500円くらいで売れました。それも20枚くらいあったから、結構いい値段に。

②引っ越し業者の早期見積もり

引き渡し日は、直前まで教えてもらえないことが多いですが、だいたいの目安を教えてもらうことは可能です。ソラ家では、早めの見積もりを取りつつ、なんとか引っ越し料金の高い3月を避ける形で「この日に引っ越します!」とハウスメーカーに宣言。その日までに完成するようにしてもらいました。仕事を調整して、土日より安い平日の引っ越しにしたのもポイント。担当者の方や大工さんには急かしてしまって申し訳なかったのですが……。

③火災保険の見積もり

お金のこと①(P.143)で団体信用生命保険の比較について軽く触れましたが、火災保険も、担当者の方のすすめるもの(どの家庭にも合うようなもの)にそのまま入るよりも、自分の家に合った保険を選ぶことが節約につながるんです。例えば……

・自分の住む地域に、どのような自然災害の危険性が高いのか調べる

国土交通省が公開しているハザードマップなどを確認して、津波や土砂災害の危険性を確認。ちなみにソラ家は高台にあり、津波や床上浸水の可能性も低いため、水害を外すプランにしました。

・自分の家で起こりえる危険の可能性を考える

ソラ家は窓が大きく、数も多いので割れたらとにかく大変！　そのため、自然災害で割れた場合だけじゃなくて、人的被害の場合も補償してくれるものにしました。

保険のプランは一括の条件で比較できるものではないので、なかなか面倒ではありますが、これからの暮らしを想像するいい機会でもあります。一考してみるのをおすすめします。

④電気・ネット・ガスなどの契約

2016年4月から電力が自由化になり2017年4月からは都市ガスが自由化になりました。これに伴い、乗り換えや新規契約でキャッシュバックがあったり、携帯やネットとセットにすると割引があったりするのです。

いろいろ検討した結果、ソラ家は2人とも携帯がソフトバンクなので携帯と

ネットと電気がセットになった、ソフトバンクのおうち割というものが一番お得なことがわかりました。

ただし、電気は、初めは関西電力と契約して開通してもらい、検針票が出る1か月くらい経つまでは乗り換えできませんでした。ちなみにガスも大阪ガスから関電ガスに乗り換えました。検討したり手続きしたりは少し面倒なことですが、その「少し」の積み重ねが、大きな節約につながることを、家づくりでは学んだ気がします。

おわりに

本書を手に取り、最後まで読んでいただきありがとうございます。

夢のマイホームをつくるためだから、と思って備忘録として書き始めたブログ、記録として撮影し始めた家の写真。これが出版社の方の目にとまり、まさか自分の家の本が出るなんて夢にも思っていませんでした。

うれしい気持ちとともに、ろくに本も読まない自分が本を出せるのか。という不安な気持ちもありました。


でも、私のブログを見てコメントをくださる方、質問して参考にしてくださる方がいて、それをうれしく感じたこと。そして、

「自分が調べたときにわからなかったことや、悩んだこと、こんなのあったらいいなと思ったことを、誰かの役に立ったらうれしいなって思って、地道にブログに書き続けたことがすごいことなんだよ」

この夫の言葉が私の背中を押してくれました。

インターネットで、マイホームを建築されたたくさんの先輩方のブログや本を参考にさせていただきました。同じように、私のブログや本が、

少しでも誰かの参考になればうれしいです。

私の夢のマイホームは完成しましたが、まだまだゴールではありません。家族が増えたり、生活スタイルや環境がきっと変わっていきます。その変化を楽しみながら、気持ちのいい家づくりを、ああでもない、こうでもないと家族で話し合いながらこれからも死ぬまで模索していきたいと思っています。面倒くさいと思われるかもしれませんが、結構こういう時間って、楽しいんですよ！

最後になりましたが、私の夢は、当然私だけでは成し遂げられませんでした。ローンの重圧を背負ってくれた夫、建ててくれた大工さん。そして、無印良品の家のスタッフの皆様、本当にありがとうございました。

マイホーム計画、めっちゃ楽しかったです！

参考にしたウェブサイト

家や部屋づくりの参考にしたウェブサイトは、Pinterestやマイホームブログをはじめとしてたくさんありますが、特にお世話になったものをご紹介します。

LIMIA
http://limia.jp/

100均を使ったおしゃれなDIYのアイデアや、片づけ、収納のヒントから、リフォームのアレコレなど、暮らしにまつわるたくさんの知恵が投稿されていて、参考になります。

ムクリ
http://mukuri.themedia.jp/

Instagramにある「家事」「インテリア」「収納」「食」などの暮らしに関わるアイデアを集めたウェブサイト。記事も丁寧に書かれていてわかりやすいです。

folk
http://folk-media.com/

おしゃれな暮らしのアイデアが盛りだくさんの、大人の女性向けのライフスタイルメディア。インテリアはもちろん、ファッションやヘアの記事もあります。

ほかにも、家電は「価格.com」などで、口コミと価格を見ながら購入を検討しました。楽天などのネットショップも大活躍！

川原亜由子

+1985年生まれ
+大阪府出身
+夫と2匹の犬(ソラ・マメ)と暮らしています
+Instagramアカウント:@sora_muji_house
+ブログ『決めました。無印良品の家に』
+カメラが趣味で、この本の多くの写真は私がCanon EOS 5D Mark IVで撮影しています
+会社員の傍ら、Apple Storeで講師、CP+のCanonブースにて登壇するなど、フォトグラファーとしても活躍中

STAFF

撮影+川原亜由子、わかめら（P.4、7（下）、132、153）
デザイン+望月昭秀、片桐凜子（NILSON）
イラスト+樋口たつの
構成+田尻彩子（モッシュブックス）
校正+東京出版サービスセンター
編集+森 摩耶（ワニブックス）

決めました。無印良品の家に

川原亜由子 著

2017年12月24日　初版発行

発行者　横内正昭
編集人　青柳有紀

発行所　株式会社ワニブックス
〒150-8482
東京都渋谷区恵比寿4-4-9　えびす大黑ビル
電話　03-5449-2711（代表）
03-5449-2716（編集部）
ワニブックスHP　http://www.wani.co.jp/
WANI BOOKOUT　http://www.wanibookout.com/

印刷所　美松堂株式会社
製本所　ナショナル製本

ISBN 978-4-8470-9641-9

＊本書に掲載している情報は2017年11月現在のものです。
＊本書で紹介している商品はすべて著者の私物です。商品の仕様や価格が変更になったり、購入できない場合がございますので、ご了承ください。
＊本書で紹介している家づくりや収納などを実践いただく際は、建物の構造や性質、商品の注意事項をお確かめの上、自己責任のもと行ってください。